Anonymous

Gesetz betreffend Straf-Prozess-Ordnung vom 5. Mai 1862

Anonymous

Gesetz betreffend Straf-Prozess-Ordnung vom 5. Mai 1862

ISBN/EAN: 9783744680073

Hergestellt in Europa, USA, Kanada, Australien, Japan

Cover: Foto ©Suzi / pixelio.de

Weitere Bücher finden Sie auf **www.hansebooks.com**

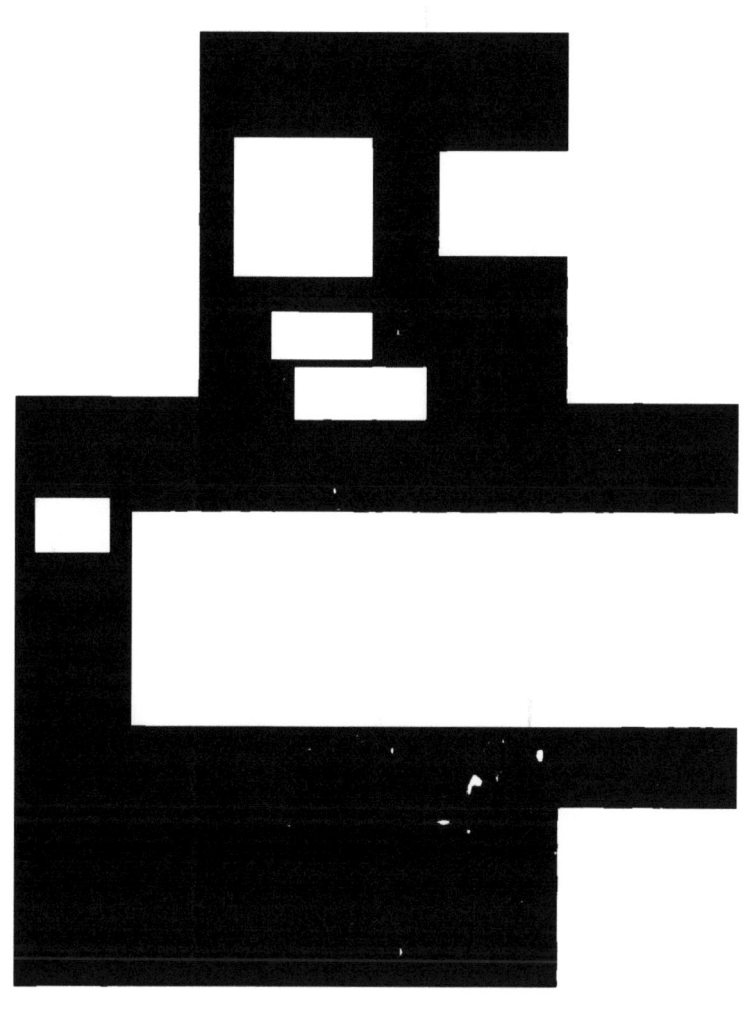

Straf-Prozeß-Ordnung.

5. Mai 1862.

Der Große Rath des Kantons Basel-Stadt beschließt das bei der Untersuchung und Beurtheilung von Verbrechen und Vergehen in Kraft stehende rechtliche Verfahren im Sinne der Mündlichkeit und größerer Oeffentlichkeit einer Umgestaltung zu unterwerfen.

Zu dem Ende werden aufgehoben:

1. Der zweite Theil des Kriminalgesetzbuchs vom 1. August 1846, von dem rechtlichen Verfahren bei Verbrechen handelnd.
2. Der zweite Theil des korrektionellen Gesetzes vom 1. August 1846, von dem rechtlichen Verfahren bei Untersuchung und Bestrafung der Vergehen handelnd.

3. Das Gesetz über die Organisation des Kriminalgerichts vom 2. und 7. April 1834.

4. Das Gesetz, betreffend Uebertragung einer Strafbefugniß an den Kriminalgerichtspräsidenten vom 3. December 1844.

5. Das Gesetz betreffend Gehaltserhöhung des Präsidenten und des Substituten des Gerichtsschreibers vom Kriminalgericht vom 4. December 1844.

6. Das Gesetz vom 4. October 1852, betreffend Abänderung des §. 81 des korrektionellen Gesetzes.

7. Das Gesetz vom 1. Mai 1854 über Abänderung der §§. 185, 210 und 214 des Kriminalgesetzbuches.

8. Das Gesetz vom 27. Mai 1847 über Erneuerungswahlen, soweit dasselbe das Kriminalgericht und dessen Beamte beschlägt.

Dagegen wird folgendes Gesetz über das rechtliche Verfahren bei der Untersuchung und Beurtheilung von Verbrechen und Vergehen erlassen:

Straf-Prozeß-Ordnung.

I. Abschnitt.
Organisation der strafrechtlichen Behörden.

§. 1.

Bei der Untersuchung und Bestrafung der im Kanton Basel-Stadt zu beurtheilenden Verbrechen und Vergehen haben nachfolgende Behörden mitzuwirken: *Strafrechtliche Behörden.*
a. Die Polizei.
b. Die Gemeinderäthe des Landbezirks.
c. Die Untersuchungsrichter.
d. Der Staatsanwalt.
e. Die Ueberweisungsbehörde.
f. Das Kriminalgericht und als dessen Unterabtheilungen: das korrektionelle Gericht und das korrektionelle Präsidentenverhör.
g. Das Appellationsgericht.

§. 2.

Zwei Untersuchungsrichter führen die sämmtlichen richterlichen Voruntersuchungen bis zur Vorlegung derselben an die Ueberweisungsbehörde. Sie werden vom Appellationsgerichte entweder durch unmittelbaren Ruf oder nach erfolgter Auskündung aus *Untersuchungsrichter.*

einem doppelten Vorschlage des Kriminalgerichts auf eine Amtsdauer von sechs Jahren gewählt, nach welcher sie wieder wählbar sind.

Sie können indessen im Fall von Pflichtverletzung, Unfähigkeit oder anstößigem Lebenswandel auf den Antrag oder nach Anhörung des Kriminalgerichts in der Zwischenzeit durch geheime Abstimmung des Appellationsgerichts entlassen werden.

Sie müssen im Besitz des Aktivbürgerrechts sein, das 24ste Altersjahr zurückgelegt haben, und ferner entweder während sechs Jahren Mitglieder oder Beamte einer gerichtlichen Behörde gewesen sein, oder das juristische Staatsexamen hier oder auswärts bestanden oder einen Grad in den Rechten auf der hiesigen oder einer auswärtigen Universität erlangt haben.

Bei stattfindender Auskündung kann das Kriminalgericht durch eine von ihm vorzunehmende Prüfung diese Requisite ersetzen, mit Ausnahme jedoch des Aktivbürgerrechts und des Alters.

Die Untersuchungsrichter haben vor ihrem Amtsantritt vor dem Kriminalgericht den nachstehenden Eid zu leisten:

„Die ihnen zugewiesenen Untersuchungen „gewissenhaft, unparteiisch und ohne Ansehen „der Person zu führen, die gesetzlichen Vor-

„schriften dabei genau zu erfüllen, möglichste
„Beschleunigung in alle Amtsverrichtungen
„zu legen, die zu führenden Protokolle aufs
„Treueste abzufassen und über alles ihnen
„amtlich zur Kenntniß Gekommene die er=
„forderliche Verschwiegenheit zu beobachten,
„keine Geschenke oder Gaben vor oder nach
„dem Urtheil weder mittelbar noch unmittel=
„bar anzunehmen."

Im Fall von ausserordentlicher Geschäfts=
überhäufung oder zeitweiser Verhinderung
eines Untersuchungsrichters ist das Kriminal=
gericht ermächtigt, einen ausserordentlichen
Untersuchungsrichter aufzustellen oder eines
seiner Mitglieder zu diesen Funktionen zu
delegieren, welches aber nachher von allen
richterlichen Verrichtungen in den von ihm
geführten Untersuchungen ausgeschlossen ist.

Sollte jedoch die Dauer der Anstellung
eines ausserordentlichen Untersuchungsrichters
drei Monate übersteigen, so ist die Geneh=
migung des Appellationsgerichts hiefür ein=
zuholen.

§. 3.

Ein Staatsanwalt wird nach erfolgter   Staatsanwalt.
Auskündung aus doppeltem Vorschlag des
Kleinen Raths vom Großen Rath auf eine
Amtsdauer von sechs Jahren ernannt, nach
deren Verfluß er wieder wählbar ist.

Seine Amtsverrichtungen sind folgende:

a. Den Verkehr des Kleinen Raths mit dem Kriminalgericht zu vermitteln und ersterm auf sein Begehren über den Gang der Strafjustiz im Allgemeinen oder in einzelnen Fällen Bericht zu erstatten.

b. Die Voruntersuchungen zu überwachen und die Geschäfte zwischen den Untersuchungsrichtern zu vertheilen.

c. Bei der Ueberweisung der Straffälle mitzuwirken.

d. Der Hauptverhandlung beizuwohnen und am Schluß derselben geeignete Anträge zu stellen.

e. Gegen die gefällten Urtheile eintretenden Falls die zulässigen Rechtsmittel zu ergreifen.

f. Die Execution der gefällten Strafurtheile zu überwachen.

g. Die Requisitionen auswärtiger Behörden in Strafsachen nach Maßgabe bestehender Verträge und Uebungen unter Mitwirkung der Untersuchungsrichter und der Polizeidirektion zu erledigen.

Der Staatsanwalt steht unter der Aufsicht des Kleinen Raths, er stellt jedoch seine Anträge nach freier Ueberzeugung. Es gelten für ihn die gleichen Requisite, wie für die Untersuchungsrichter.

Er hat vor seinem Amtsantritt vor dem Kleinen Rath den nachstehenden Eid zu leisten:

„Die ihm durch das Gesetz auferlegten „Pflichten gewissenhaft, unparteiisch und ohne „Ansehen der Person zu erfüllen, die Beob=„achtung der gesetzlichen Vorschriften in den „Voruntersuchungen genau zu überwachen, „bei Stellung seiner Anträge, bei Ergrei=„fung des Rekurses und bei der Wieder=„aufnahme von Untersuchungen gewissenhaft „zu verfahren, keine Geschenke oder Gaben „vor oder nach dem Urtheil weder mittelbar „noch unmittelbar anzunehmen, in seine Amts=„verrichtungen alle mögliche Beschleunigung „zu legen, und über alles ihm amtlich zur „Kenntniß Gekommene die erforderliche Ver=„schwiegenheit zu beobachten."

Wenn wegen ausserordentlicher Geschäfts= überhäufung oder zeitweiser Verhinderung des Staatsanwalts ein Stellvertreter desselben nothwendig wird, so wird er vom Kleinen Rath auf eine von letzterm zu bestimmende Zeitdauer ernannt; er muß dieselben Re= quisite besitzen wie der Staatsanwalt. Bei ganz plötzlich eingetretener Verhinderung und großer Dringlichkeit der Geschäfte kann das

Kriminalgericht einen Stellvertreter für die Dauer einer Sitzung, nöthigen Falls aus seiner Mitte, ernennen.

§. 4.

Ueberweisungsbehörde. Der Staatsanwalt und die beiden Untersuchungsrichter bilden die Ueberweisungsbehörde, welche nach beendigter Voruntersuchung entscheidet, ob ein angehobener Strafprozeß dem Kriminal= resp. correktionellen Gerichte zur Beurtheilung zu überweisen, oder aber dahin zu stellen sei.

§. 5.

Kriminalgericht. Ein aus fünfzehn Mitgliedern und einem Präsidenten bestehendes Kriminalgericht übt in seinen verschiedenen Abtheilungen die Strafgerichtsbarkeit über alle im hiesigen Kanton zu beurtheilenden Verbrechen und Vergehen aus, die nicht in die Kompetenz andrer Strafgerichte fallen. Seine Urtheile unterliegen nach gesetzlicher Vorschrift dem Rekurs an das Appellationsgericht.

Um an das Kriminalgericht wählbar zu sein, muß man das 24ste Altersjahr zurückgelegt haben und im Besitz des Aktivbürgerrechts sein.

Verwandte in auf= oder absteigender Linie, Schwäher und Tochtermann und Brüder können nicht neben einander Mitglieder des Kriminalgerichts sein.

Die Kriminalrichter werden vom Großen Rath auf eine Amtsdauer von neun Jahren ernannt, nach Verfluß welcher sie wieder wählbar sind.

Nach der bei der Einführung dieses Gesetzes erfolgenden Integralerneuerung des Kriminalgerichts jedoch haben fünf Mitglieder schon nach Abfluß von drei Jahren, fünf nach Verfluß von sechs Jahren und die letzten fünf nach Verfluß von neun Jahren auszutreten, worauf dann für alle Mitglieder eine neunjährige Amtsdauer eintritt und das Gericht alle drei Jahre zum Drittheil erneuert wird.

Bei der Integralerneuerung sowohl, als bei den periodischen Erneuerungen wählt der Große Rath durch freies absolutes Stimmenmehr; bei den in der Zwischenzeit erforderlichen Erneuerungen dagegen hat der Kleine Rath einen dreifachen Vorschlag einzugeben, wobei der Gewählte hinsichtlich seiner Amtsdauer an die Stelle desjenigen tritt, für den er gewählt ist.

Die Kriminalrichter haben folgenden Eid abzulegen:

„Die Sitzungen des Gerichts fleißig zu „besuchen und ohne wichtige Gründe nicht „zu versäumen, die vorkommenden Geschäfte „sorgfältig und gewissenhaft zu behandeln,

„die zu erlassenden Urtheile unparteiisch und
„ohne Ansehen der Person, Niemanden zu
„Lieb noch zu Leid, nach Vorschrift bestehen=
„der Gesetze zu fällen, keinem Angeklagten,
„seinen Freunden oder Verwandten, zu ra=
„then und die bei den Berathungen gefalle=
„nen Meinungen zu verschweigen, keine Ge=
„schenke oder Gaben vor oder nach dem
„Urtheil weder mittelbar noch unmittelbar
„anzunehmen."

§. 6.

Abtheilungen desselben. Das Kriminalgericht zerfällt in die kri=
minelle und korrektionelle Abtheilung, von
denen die erstere mit Einschluß des Präsi=
denten aus eilf, die letztere mit Einschluß
des Präsidenten aus sechs Mitgliedern be=
steht.

Die einzelnen Mitglieder des Gerichts
funktionnieren nach einer von ihm selbst fest=
zustellenden Reihenfolge bald an der einen,
bald an der andern Abtheilung; ist eine der
beiden Abtheilungen zeitweise unvollständig,
so wird sie durch Mitglieder der andern Ab=
theilung auf Anordnung des Präsidenten er=
gänzt, und genügt dies nicht, so wird der
Kleine Rath auf Begehren des Gerichts die
nöthige Zahl von Suppleanten ernennen,
welche die gleichen Requisite besitzen müssen

wie die Richter, und gleich ihnen zu beeidigen sind.

§. 7.

Die kriminelle Abtheilung des Kriminalgerichts übt die Strafgerichtsbarkeit über Verbrechen und muß, um ein rechtsgültiges Urtheil sprechen zu können, aus wenigstens sieben Richtern mit Einschluß des Präsidenten zusammengesetzt sein.

Kriminelle Abtheilung.

§. 8.

Die korrektionelle Abtheilung des Kriminalgerichts übt die Strafgerichtsbarkeit über Vergehen mit Ausnahme derjenigen, welche dem Präsidentenverhör zugewiesen sind.

Korrektionelle Abtheilung.

Zur Fällung eines rechtsgültigen Urtheils ist die Anwesenheit von wenigstens fünf Richtern mit Einschluß des Präsidenten erforderlich.

§. 9.

Der Präsident des Kriminalgerichts versammelt das Gericht oder dessen einzelne Abtheilungen so oft die Geschäfte es erfordern, trägt denselben die zu behandelnden Geschäfte vor, trifft die nöthigen Vorbereitungen zur Aburtheilung der überwiesenen Strafprozesse und leitet die Verhandlung bei derselben.

Präsident.

Der Kriminalgerichtspräsident hat vor seinem Amtsantritt folgenden Eid vor dem Gericht abzulegen:

„Die ihm durch das Gesetz auferlegten „Pflichten gewissenhaft, unparteiisch und ohne „Ansehen der Person zu erfüllen, sowohl bei „der Vorbereitung und Leitung der Unter-„suchung, als bei der Fällung des Urtheils „nach gewissenhafter Ueberzeugung zu han-„deln, in alle Amtsverrichtungen die mög-„lichste Beschleunigung zu legen, keine Ge-„schenke oder Gaben vor oder nach dem „Urtheile weder mittelbar noch unmittelbar „anzunehmen, und über alles ihm amtlich zur „Kenntniß Gekommene die erforderliche Ver-„schwiegenheit zu beobachten."

Er wird vom Großen Rath nach erfolgter Auskündung auf eine Amtsdauer von neun Jahren ernannt, nach deren Verfluß er wieder wählbar ist, und muß die gleichen Requisite besitzen wie die Untersuchungsrichter.

Ein Statthalter des Präsidenten, welcher vom Gericht durch absolutes Mehr aus seiner Mitte gewählt wird, vertritt denselben in Abwesenheits- und Verhinderungsfällen.

§. 10.

Kompetenz des Präsidenten.

Der Präsident des Kriminalgerichts beurtheilt folgende Vergehen ohne Zuzug von Richtern:

1. Privatehrbeleidigungen mit Ausnahme von sehr schweren und solchen, welche durch die Presse geschehen sind.

2. Schlagbändel sowie Körperverletzungen, die keine längere als eintägige Arbeitsunfähigkeit nach sich gezogen haben.
3. Eigenthumsbeschädigungen aus Muthwillen unter Fr. 20.

Seine Strafbefugniß erstreckt sich in den genannten Fällen auf eine Geldbuße bis auf Fr. 50 oder Freiheitsstrafe bis auf fünf Tage, Verweis, Ehrenerklärung, richterliche Aufhebung und Verfügung über Entschädigung und Prozeßkosten.

§. 11.

Gerichtsschreiber. Ein Gerichtsschreiber führt das Protokoll über die Sitzungen des Kriminalgerichts und seiner Abtheilungen, fertigt die Urtheile aus, verfaßt die nöthigen Schreiben und Berichte, besorgt das Archiv und das Rechnungswesen des Gerichts und vollzieht die ihm vom Gericht oder seinem Präsidenten ertheilten Aufträge.

Der Gerichtsschreiber muß die gleichen Requisite besitzen wie die Untersuchungsrichter und wird nach erfolgter Auskündung vom Kleinen Rath aus einem doppelten Vorschlag des Kriminalgerichts auf eine Amtsdauer von sechs Jahren gewählt, nach deren Verfluß er auf Antrag des Gerichts wieder bestätigt werden kann.

Das Gericht kann durch eine von ihm vorzunehmende Prüfung diese Requisite ersetzen, mit Ausnahme jedoch des Aktivbürgerrechts und des Alters.

Er kann im Fall von Pflichtverletzung, Unfähigkeit oder anstößigem Lebenswandel auch in der Zwischenzeit, auf Antrag des Gerichts, vom Kleinen Rath entlassen werden.

Der Gerichtsschreiber hat vor seinem Amtsantritt folgenden Eid vor Gericht abzulegen:

„Alle ihm übertragenen Pflichten und „Verrichtungen getreulich zu erfüllen, die von „ihm niederzuschreibenden Protokolle gewis„senhaft und unparteiisch abzufassen, alle ihm „obliegenden Geschäfte mit Beschleunigung „zu besorgen, keine Aktenstücke oder Proto„kollauszüge ohne Genehmigung des Präsi„denten weder im Original noch abschrift„lich aus Handen zu geben, keine Geschenke „oder Gaben weder mittelbar noch unmit„telbar vor oder nach dem Urtheil anzuneh„men, und endlich über seine Amtsverrich„tungen sowohl, als über die bei den Be„rathungen gefallenen Meinungen Still„schweigen zu beobachten."

Die Amtspflichten des Gerichtsschreibers werden durch eine vom Gericht aufzustellende Amtsordnung geregelt.

Derselbe hat für Abwesenheits= und sonstige Verhinderungsfälle dem Gericht einen Stellvertreter vorzuschlagen.

§. 12.

Ein Gehilfe des Gerichtsschreibers führt bei den Abhörungen der Untersuchungsrichter und des Staatsanwalts auf Verlangen dieser Beamten das Protokoll, besorgt die nöthigen Ausfertigungen und Kopiaturen für dieselben, hilft dem Gerichtsschreiber in Erledigung seiner Büreaugeschäfte aus und hat sich überhaupt allen Aufträgen der genannten Beamten, sowie denjenigen des Kriminalgerichtspräsidenten zu unterziehen. *Gehilfe des Gerichtsschreibers.*

Der Gehilfe des Gerichtsschreibers wird nach erfolgter Auskündung vom Kriminalgericht durch absolutes Mehr auf sechs Jahre unter den gleichen Bedingungen gewählt, resp. entlassen, wie der Gerichtsschreiber; er muß im Besitz des Aktivbürgerrechts sein und leistet den gleichen Eid, wie der Gerichtsschreiber.

Seine Amtspflichten werden durch eine vom Gericht aufzustellende Amtsordnung geregelt.

§. 13.

Drei Gerichtsweibel, die im Besitz des Aktivbürgerrechts sein müssen, versehen den abwartenden Dienst bei den Untersuchungen *Gerichtsweibel.*

und Sitzungen des Gerichts. Der erste dieser Weibel hat in der Regel bei den Sitzungen des Gerichts zu funktionieren und die Aufträge des Präsidenten und des Gerichtsschreibers auszuführen, während die beiden andern von den Untersuchungsrichtern und dem Staatsanwalt für ihr Bedürfniß verwendet werden.

Die Gerichtsweibel werden vom Kriminalgericht nach vorhergegangener Auskündung, der erste auf doppelten Vorschlag des Präsidenten und des Gerichtsschreibers, die beiden andern auf doppelten Vorschlag des Staatsanwalts und der Untersuchungsrichter durch absolutes Mehr auf sechs Jahre gewählt, nach deren Verfluß sie wieder auf einen gleichen Zeitraum bestätigt werden können.

Es steht jedoch dem Kriminalgericht das Recht zu, dieselben im Falle von Pflichtverletzung, Unfähigkeit oder anstößigem Lebenswandel vor Verfluß der Dienstzeit zu entlassen.

Die Gerichtsweibel haben vor ihrem Amtsantritt vor dem Kriminalgericht den nachstehenden Eid zu leisten:

„Die ihnen durch das Gesetz übertrage=
„nen Pflichten getreu und pünktlich zu er=
„füllen, über Alles was ihnen von den Un=

„tersuchungen bekannt werden möchte, Ver=
„schwiegenheit zu beobachten, die ihnen zum
„Besorgen anvertrauten Schriften und Pro=
„tokolle dem Auftrag gemäß abzugeben und
„Niemandem zur Einsicht mitzutheilen, sich
„ohne Vorwissen der vorgesetzten Behörde
„mit keinem Gefangenen in Verkehr einzu=
„lassen, keine Geschenke und Gaben weder
„mittelbar noch unmittelbar vor oder nach
„dem Urtheile anzunehmen und alle ihnen
„ertheilten Aufträge schnell und willig aus=
„zuführen."

§. 14.

Die Untersuchungsrichter beziehen eine jährliche fixe Besoldung von Fr. 3500, der Staatsanwalt eine solche von Fr. 4000, der Präsident des Kriminalgerichts von Fr. 4000, die Mitglieder des Gerichts von Fr. 200, der Gerichtsschreiber von Fr. 4000 und der Gehilfe desselben von Fr. 2000. *Besoldungen.*

Der Statthalter des Kriminalgerichts bezieht eine Besoldung von Fr. 500, womit die Verpflichtung verbunden ist, die Geschäfte des Präsidenten in Abwesenheits= oder Ver= hinderungsfällen desselben zu versehen.

Der Stellvertreter des Staatsanwalts wird vom Kleinen Rathe nach Gutdünken honoriert; der Gerichtsschreiber hat seinen Stellvertreter selbst zu honorieren.

Die Untersuchungsrichter, der Staatsanwalt, der Präsident des Kriminalgerichts, der Gerichtsschreiber und dessen Gehilfe haben sich alle ihrem Amte ausschließlich zu widmen und dürfen keine Nebengeschäfte, namentlich nicht Advokatur oder Notariat treiben.

Der erste Gerichtsweibel erhält eine wöchentliche Besoldung von Fr. 20 nebst Amtskleidung; die beiden andern Weibel erhalten eine wöchentliche Besoldung von Fr. 18, und haben sich alle drei ihrem Dienst ausschließlich zu widmen.

§. 15.

Austritt und Rekusation. Der Austritt wegen Verwandtschaft mit den Angeklagten oder Beschädigten findet nach Maßgabe der betreffenden Gesetze sowohl für die Untersuchungsrichter und den Staatsanwalt, als für die Mitglieder des Gerichts und den Gerichtsschreiber statt.

Ausserdem steht es dem Angeklagten frei, von den obgenannten Richtern und Beamten zu rekusieren, wenn Gründe vorhanden sind, welche deren Unbefangenheit als zweifelhaft erscheinen lassen.

Ueber die Zulässigkeit solcher Rekusationen entscheidet das Gericht nach Anhörung des Rekusierten, wobei festgesetzt ist, daß für die Entscheidung der Rekusationen selbst nur derjenige Richter im Austritt ist, über den ein Beschluß gefaßt wird. Eine Rekusation des ganzen Gerichts als solches ist unzulässig.

II. Abschnitt.
Allgemeine Grundsätze.

§. 16.
Keine Strafe kann anders als durch den kompetenten Richter ausgesprochen werden. *Kompetenter Richter.*

§. 17.
Der Kompetenz des Kriminalgerichts und seiner korrektionellen Abtheilung sind unterworfen: *Kompetenz.*

1, Alle Verbrechen und Vergehen, welche im Gebiet des Kantons Basel-Stadt verübt werden und nicht in die Kompetenz andrer Strafgerichte fallen.

2. Alle Verbrechen und Vergehen, welche ausserhalb des Kantons Basel-Stadt von Kantonsbürgern oder von Personen verübt werden, die zur Zeit der Begehung ihren Wohnsitz im Kanton Basel-Stadt haben, insofern dieselben nicht schon auswärts beurtheilt worden sind und insofern von Seite des Beschädigten oder der Behörden des Landes, wo die That begangen wurde,

auf Untersuchung und Beurtheilung angetragen wird.

Bei Nicht-Kantonsbürgern kann jedoch in solchen Fällen nach Maßgabe bestehender Staatsverträge oder auch aus Gründen der Zweckmäßigkeit statt der gerichtlichen Beurtheilung eine Auslieferung durch die Administrativbehörde an die Behörden des Landes verfügt werden, wo die strafbare That begangen wurde.

Kantonsbürger dürfen nicht an andre Staaten ausgeliefert werden; für die Auslieferung derselben an andre Kantone der Schweiz sind die Vorschriften der Bundesgesetzgebung maßgebend.

3. Alle Verbrechen und Vergehen, welche ausserhalb des Kantons Basel-Stadt gegen den Kanton oder dessen Behörden begangen werden.

Bei Kantonsfremden soll jedoch in solchen Fällen eine Beurtheilung nur dann eintreten, wenn eine gerichtliche Verfolgung durch den auswärtigen Staat, in dem die strafbare Handlung begangen wurde, nicht erhältlich ist.

§. 18.

Oeffentliche und Privatklage.

Alle Verbrechen und Vergehen werden im Interesse des Staats auch ohne Klage oder Anzeige von Seite des Verletzten verfolgt.

Von diesem Grundsatz sind ausgenommen:
1. Alle Vergehen gegen das Eigenthum unter Fr. 20 Werth.
2. Alle Verbrechen und Vergehen gegen das Eigenthum, begangen unter Ehegatten, Verwandten in auf= und absteigender Linie, Geschwistern und Geschwisterkindern oder den in den gleichen Verwandtschaftsgraden Verschwägerten; ferner von Dienstboten und andern bleibend zum Hausstand gehörigen Personen, begangen an der Dienstherrschaft oder unter sich.
3. Körperverletzungen, die keine längere als dreitägige Arbeitsunfähigkeit nach sich ziehen. (§. 52 a. des korrektionellen Gesetzes.)
4. Privatehrbeleidigungen.

Die unter 1 und 2 bezeichneten strafbaren Handlungen werden nach erfolgter einfacher Anzeige des Beschädigten, welche nach erfolgter Ueberweisung nicht mehr zurückgezogen werden kann, wie andre Verbrechen und Vergehen behandelt; bei den unter 3 und 4 bezeichneten Vergehen dagegen muß eine Klage des Verletzten stattfinden.

§. 19.

Civilklage. Die durch die Begehung strafbarer Handlungen entstandenen Entschädigungsansprüche sollen in der Regel nach Anhörung des Beschädigten durch das Strafurtheil erledigt werden; wenn jedoch die Entschädigungsfrage so verwickelter Natur ist, daß ihre Erledigung den Gang des Strafprozesses erheblich aufhalten könnte, so kann dieselbe vom Strafgericht auf den Civilweg verwiesen werden.

III. Abschnitt.
Von der Einleitung der Voruntersuchung durch die Polizei.

§. 20.

Einleitung der Voruntersuchung. Die erste Einleitung einer Strafuntersuchung findet durch die Polizeidirektion statt, welche von Amtswegen alle strafbaren Handlungen zu erkunden und zu verfolgen hat, und zwar werden die Untersuchungen eingeleitet:

1. auf eigene Wahrnehmung der Polizeibeamten hin,
2. auf Anzeige von Behörden oder Privatpersonen, namentlich Beschädigten,
3. auf Weisung des Kleinen Raths.

Vorbehalten bleiben die Fälle der §§. 27, 31, 33.

§. 21.

Aufgabe der Polizeidirektion.

Die Polizeidirektion hat den objektiven Thatbestand einer angezeigten strafbaren Handlung soweit festzustellen, daß mit Wahrscheinlichkeit auf das Vorhandensein derselben geschlossen werden kann, die zunächstliegenden Beweise gegen etwaige Thäter zu sammeln und überhaupt alle diejenigen Maßregeln zu treffen, welche ohne erhebliche Nachtheile für die Untersuchung nicht verschoben werden können.

§. 22.

Verhaftung des Schuldverdächtigen.

In folgenden Fällen soll die Polizeidirektion zur Verhaftung eines Schuldverdächtigen schreiten:

1. Wenn derselbe eines Verbrechens dringend verdächtig ist.
2. Wenn derselbe eines schweren Vergehens dringend verdächtig und Grund zur Befürchtung vorhanden ist, daß die Freiheit mittelst Verabredungen u. s. f. zur Erschwerung der Untersuchung mißbraucht werden könnte. In diesem Fall soll jedoch die Haft nicht länger dauern, als zur Sicherheit der Untersuchung nöthig ist.
3. Wenn derselbe überhaupt eines Vergehens dringend verdächtig und entweder seine Flucht zu befürchten oder

seine Freiheit mit Gefahr für andre verbunden ist.

Die Haft wegen Fluchtverdächtigkeit kann jedoch durch Leistung einer annehmbaren Realkaution oder Bürgschaft abgewendet werden, welche vom Gericht nach Abzug etwaigen Ersatzes und der Kosten als zu Gunsten der Staatskasse verfallen erklärt wird, wenn sich der Angeklagte den ihm auferlegten Bedingungen entzieht.

Nach vorgenommener Verhaftung sollen dem Verhafteten alle auf demselben gefundenen Gegenstände, namentlich aber solche, welche als Beweisstück der strafbaren Handlung dienen können, sorgfältig abgenommen und darüber ein von dem Verhafteten zu unterzeichnendes Verzeichniß zu den Akten gelegt werden, ebenso ein Protokoll, welches die nähern Umstände der Verhaftung enthält.

§. 23.

Verhaftbefehl. Die Verhaftung kann nur unter Vorweisung eines schriftlichen Verhaftbefehls erfolgen, welcher vom Polizeidirektor oder vom Chef des Polizeikorps ausgestellt sein muß.

Derselbe soll enthalten:

a. Die deutliche Bezeichnung der zu verhaftenden Person.
b. Den Grund der Verhaftung, insofern

nicht Gefahr für die Untersuchung mit dieser Anzeige verbunden ist
c. Das Datum.
d. Bezeichnung der Angestellten, die den Befehl vollziehen können.
e. Die Unterschrift des anordnenden Beamten.

Wenn aus Gründen der Dringlichkeit die vorherige Ausfertigung eines Verhaftsbefehls nicht möglich ist, so soll jedenfalls so bald als möglich ein solcher nachträglich den Akten beigelegt werden.

Die Untersuchungsrichter, der Staatsanwalt und der Präsident des Kriminalgerichts sind bei den von ihnen vorzunehmenden Verhaftungen ebenfalls an diese Formen gebunden.

§. 24.

Sobald sich' dringende Verdachtsgründe eines begangenen Verbrechens oder Vergehens gegen eine bestimmte Person ergeben und bei vorgenommener Verhaftung innert 24 Stunden nach derselben ist der Schuldverdächtige von der Polizeidirektion in ein Verhör zu ziehen, wobei der letztern das Recht zusteht, einen Vorführungsbefehl zu erlassen, falls der Schuldverdächtige einer Vorladung ohne genügende Entschuldigung keine Folge leistet.

Abhörung des Schuldverdächtigen.

Dieses Verhör hat hauptsächlich den

Zweck, dem Schuldverdächtigen Gelegenheit zu geben, den gegen ihn vorliegenden Verdacht, welcher ihm zu diesem Behuf bestimmt mitzutheilen ist, zu entkräften. Es soll daher in keine Widerlegung von Widersprüchen mit ihm eingetreten und keine Konfrontation mit ihm vorgenommen werden; dagegen sollen Umstände, die zu sofortiger Entlastung angeführt sind, auf der Stelle untersucht werden.

§. 25.

Zeugenabhörung. Soweit die Polizeidirektion zu Erfüllung ihrer Aufgabe Zeugen einvernehmen muß, soll sie dieselben in der Regel nur informationsweise schriftlich oder mündlich abhören.

Eine Ausnahme von diesem Grundsatz findet statt, wenn bei wichtigen Zeugenaussagen Gefahr vorhanden ist, daß dieselben für die spätere Untersuchung verloren gehen können.

§. 26.

Weitere Untersuchungshandlungen der Polizeidirektion. Wenn Gefahr im Verzug ist, so ist die Polizeidirektion zur Vornahme aller derjenigen Untersuchungshandlungen berechtigt und verpflichtet, welche nach den Bestimmungen des folgenden Abschnitts in der Regel in die Kompetenz der Untersuchungsrichter fallen, wobei sie an die gleichen Vorschriften gebunden ist.

Hiebei ist von der Polizeidirektion namentlich darauf zu sehen, daß alle Spuren und Merkmale einer begangenen strafbaren Handlung bis zur Uebergabe der Akten an die Untersuchungsrichter möglichst unverändert gelassen werden.

Bei allen wichtigern Augenscheinen, jedenfalls aber in Fällen, wo Wahrscheinlichkeit vorhanden ist, daß sich die Ergebnisse bis zum Uebergang der Untersuchung an die Untersuchungsrichter verwischen, soll die Polizeidirektion den Staatsanwalt von der Vornahme in Kenntniß setzen, damit letzterer oder ein Untersuchungsrichter derselben beiwohnen kann.

§. 27.

In dringenden Fällen, namentlich bei Abwesenheit von Polizeiangestellten haben die Gemeinderäthe in den Landgemeinden das Recht, bei vorgekommenen strafbaren Handlungen die ersten sichernden Anstalten zu treffen und etwa nöthige Verhaftungen zu vollziehen, wonach sie aber sofort die Polizei von dem Vorgefallenen in Kenntniß zu setzen haben.

Befugniß der Landgemeinderäthe.

§. 28.

Wenn die Polizei die ihr laut den vorhergehenden Paragraphen zugewiesene Thätigkeit bei einer Untersuchung beendet hat, und der gegen den Schuldverdächtigen entstandene Verdacht dadurch nicht beseitigt worden ist, so sind die erhobenen Akten sofort dem Staatsanwalt zur Anordnung einer richterlichen Voruntersuchung und daherigen Uebergabe an einen Untersuchungsrichter zu übermitteln.

IV. Abschnitt.
Von der richterlichen Voruntersuchung.

§. 29.

Ueberweisung an den Untersuchungsrichter.

Sobald die polizeilichen Untersuchungsakten in die Hände des Staatsanwalts gelangt sind, übergibt sie derselbe einem Untersuchungsrichter zur Durchführung der richterlichen Voruntersuchung.

§. 30.

Zweck der richterlichen Voruntersuchung.

Die richterliche Voruntersuchung hat den Zweck, den objektiven Thatbestand einer strafbaren Handlung herzustellen und alle Beweise, welche zur Ueberführung oder Entlastung eines Angeschuldigten führen können, in der Vollständigkeit zu sammeln, daß über die Ueberweisung an ein Strafgericht entschieden werden kann und im Fall der Ueberweisung der Hauptverhandlung vor Gericht ein ununterbrochener Fortgang gesichert wird.

Die richterliche Voruntersuchung ist nicht öffentlich.

§. 31.

Der Staatsanwalt hat das ausnahmsweise Recht in Fällen, wo er Kenntniß von begangenen Verbrechen oder Vergehen erhält, nach erlangter Gewißheit darüber, daß die Polizeidirektion über den betreffenden Fall noch keine Voruntersuchung angehoben oder eine bereits eingeleitete Voruntersuchung wieder dahingestellt habe, durch einen Untersuchungsrichter sofort die richterliche Voruntersuchung einleiten zu lassen und die ihm nöthig scheinenden Verhaftungen anzuordnen. Er hat jedoch der Polizeidirektion von der Einleitung solcher Untersuchungen Kenntniß zu geben.

Anordnung von Untersuchungen durch den Staatsanwalt.

§. 32.

Die Untersuchungsrichter haben die Voruntersuchungen bis zur Vorlage derselben an die Ueberweisungsbehörde mit möglichster Beförderung durchzuführen. Es hat deßhalb der Untersuchungsrichter, dem eine bestimmte richterliche Voruntersuchung übertragen ist, das Recht,

Befugnisse des Untersuchungsrichters.

    den Angeschuldigten zu verhaften oder sich
        von ihm Caution geben zu lassen,
denselben abzuhören,

die Zeugen vorzuladen, abzuhören und mit dem Angeschuldigten zu konfrontieren, wo es nöthig ist, Augenscheine vorzunehmen und Sachverständige zu Rath zu ziehen,

die Gegenstände, welche als Beweismittel der strafbaren Handlung dienen können, herbeizuschaffen oder mit Beschlag zu belegen,

nöthigen Falls Haussuchungen vorzunehmen und überhaupt alle erlaubten Mittel anzuwenden, um die Entdeckung der Wahrheit zu fördern.

Die Untersuchungsrichter sind berechtigt, zur Vornahme dieser Handlungen die Hilfe der Polizeidirektion in Anspruch zu nehmen und die zu diesem Behufe erforderlichen Weisungen für ihre Untergebenen an sie gelangen zu lassen.

§. 33.

Ausdehnung der Untersuchung auf andre Verbrechen und Theilnehmer.

Der Untersuchungsrichter soll eine angehobene Voruntersuchung auf alle Verbrechen und Vergehen ausdehnen, deren der Angeschuldigte verdächtig erscheint, und etwaige Theilnehmer ebenfalls in dieselbe ziehen.

§. 34.

Zulässigkeit der Haft und Abhörung des Verhafteten.

Wenn der Angeschuldigte sich im Augenblick des Anfangs der richterlichen Voruntersuchung schon in Haft befindet, so soll der

Untersuchungsrichter die Zulässigkeit der Haft nach den Grundsätzen des §. 22 prüfen und falls er dieselbe fortdauern läßt, den Angeschuldigten längstens innerhalb drei mal 24 Stunden, von Empfang der Akten an gerechnet, abhören.

§. 35.

Vorladung.

Wenn kein Grund zur Verhaftung des Angeschuldigten vorliegt, so beruft ihn der Untersuchungsrichter mittelst schriftlicher Vorladung vor sein Verhör.

Jede Vorladung soll enthalten:
a. Die möglichst deutliche Bezeichnung der Person, für welche sie bestimmt ist, nach Namen, Stand und Wohnort.
b. Zeit und Ort des Erscheinens.
c. Den Grund der Vorladung, insofern die Angabe desselben nicht etwa der Untersuchung schaden kann.
d. Das Datum der Ausstellung.
e. Die Unterschrift des Beamten, von dem die Vorladung ausgeht.

Die Vorladung wird in der Regel durch einen Weibel dem Vorgeladenen selbst oder in seiner Abwesenheit einem Hausgenossen desselben zugestellt; die Zustellung wird durch das Zeugniß des Weibels bewiesen.

§. 36.

Vorführungsbefehl.

Wenn der Angeschuldigte der Vorladung

ohne genügende Entschuldigung keine Folge leistet, so wird gegen denselben ein Vorführungsbefehl erlassen, welcher ebenfalls schriftlich auszufertigen ist, und ausser den Erfordernissen einer Vorladung noch die Ermächtigung an den betreffenden Angestellten oder an die betreffende Behörde enthält, der Vorführung nöthigen Falls mittelst Anwendung von Gewalt Nachachtung zu verschaffen.

Ausserdem kann die Nichtbeachtung einer Vorladung während der Voruntersuchung nach dem Schluß derselben von der Ueberweisungsbehörde mit einer Geldbuße bis Fr. 20 belegt werden.

§. 37.

Einvernehmung des Angeschuldigten.

Der Angeschuldigte ist zuerst über seine persönlichen Verhältnisse, als Namen, Alter, Stand, Beruf, Wohnort und Heimath zu befragen, sodann wird ihm die gegen ihn vorliegende Anschuldigung eröffnet und derselbe veranlaßt, sich einläßlich darüber zu äußern.

Die an den Angeschuldigten gestellten Fragen sollen klar und deutlich sein; es sollen keine verfänglichen Fragen an ihn gestellt oder Versprechungen, Zwangsmittel oder Drohungen angewendet werden.

Die wesentlichen Ergebnisse der Zeugenaussagen, sowie andre Beweismittel, seien

dieselben zu Gunsten oder Ungunsten des An=
geschuldigten, sind demselben im Lauf der
Untersuchung zu geeigneter Zeit zu eröffnen,
damit er sich darüber aussprechen kann; auch
kann derselbe mit den Zeugen oder etwaigen
Mitbeschuldigten konfrontiert werden.

Verweigert der Angeschuldigte jede Aus=
kunft, so ist die Untersuchung ohne Rücksicht
darauf fortzuführen.

Ungebührliches Benehmen des Angeschul=
digten kann, wenn sich derselbe in Haft be=
findet, mit Schmälerung der Kost oder An=
legung von Fesseln, und wenn derselbe in
Freiheit ist, mit Geldbuße bis auf Fr. 20
oder ein= bis dreitägiger Gefängnißstrafe
belegt werden. Der Untersuchungsrichter ver=
hängt jedoch diese Strafen nur im Einver=
ständniß mit dem Staatsanwalt.

§. 38.

Der Untersuchungsrichter soll im Lauf
der Voruntersuchung alle diejenigen Personen
als Zeugen abhören, von denen er Aufschluß
über die Schuld oder Nichtschuld des Ange=
schuldigten zu erwarten hat.

Die Zeugen werden mittelst Vorladung
und nöthigen Falls mittelst Vorführungsbe=
fehls vor den Untersuchungsrichter berufen,
wobei ebenfalls die Vorschriften der Para=
graphen 35 und 36 gelten.

Vorladung der Zeugen.

§. 39.

Einvernehmung der Zeugen.

Jeder Zeuge ist einzeln abzuhören und wird über seine persönlichen Verhältnisse, sowie über seine Beziehungen zum Angeklagten befragt. Derselbe ist zu ermahnen, die an ihn gestellten Fragen der Wahrheit gemäß zu beantworten, und darauf aufmerksam zu machen, daß ihm in der Hauptverhandlung die eidliche Bestätigung der Wahrheit seiner Aussagen auferlegt werden kann.

Der Zeuge ist in der Regel zu veranlassen, seine Aussage in zusammenhängender Erzählung zu machen, worauf erst zur Erläuterung und zu Hebung von Widersprüchen einzelne Fragen an denselben zu stellen sind.

Konfrontationen zwischen Zeugen sind nur im Nothfall vorzunehmen.

§. 40.

Zeugenpflicht.

Zur Ablegung eines Zeugnisses ist Jedermann verpflichtet. Nur der Ehegatte eines Angeschuldigten, seine Verwandten und Verschwägerten in auf- und absteigender Linie, seine Geschwister, Schwäger und Schwägerinnen dürfen dasselbe verweigern, so weit es sich mittelbar oder unmittelbar auf den in den genannten Graden verwandten Angeschuldigten bezieht.

Der Untersuchungsrichter hat diese Personen, wenn sie als Zeugen vorgeladen werden, über ihr Recht, das Zeugniß zu verweigern, zu belehren.

Verweigert ein Zeuge ohne gesetzlichen Grund die Ablegung des Zeugnisses, so kann sofort eine strafrechtliche Untersuchung wegen Widersetzlichkeit gegen eine richterliche Verfügung gegen ihn eingeleitet werden.

Ungebührliches Benehmen eines Zeugen unterliegt den gleichen Geld- und Gefängnißstrafen, wie dasjenige des Angeschuldigten laut §. 37.

§. 41.

Die Zeugen erhalten auf Begehren Vergütung billiger Auslagen, wenn sie eigens zur Ablegung eines Zeugnisses hieher gekommen sind, und angemessene Entschädigung für ihre Zeitversäumniß, wenn sie dadurch an dem Ertrag ihrer Tagesarbeit Abbruch erleiden. Die Entschädigungssumme wird vom Untersuchungsrichter nach einer von der Ueberweisungsbehörde aufzustellenden Instruktion festgesetzt. *Zeugenentschädigung.*

§. 42.

Auswärts wohnende Zeugen können auf dem Requisitionsweg vernommen werden, wenn ihre persönliche Stellung nicht vertragsmäßig gefordert werden kann oder mit unverhältnißmäßigen Kosten oder großem Zeitverlust verbunden ist. Wenn es bei ei- *Abwesende Zeugen.*

nem in der Voruntersuchung abgehörten Zeugen bevorstehender Abreise wegen oder aus andern Gründen wahrscheinlich ist, daß derselbe zur Zeit der mündlichen Verhandlung nicht werde erscheinen können, so kann demselben das Handgelübde an Eidesstatt auf die Wahrheit seiner Aussagen vom Untersuchungsrichter abgenommen werden.

§. 43.

Augenschein. Der Untersuchungsrichter soll einen Augenschein vornehmen, so oft ein für die Untersuchung erheblicher Umstand dadurch aufgeklärt werden kann; namentlich soll er sich jeweilen so bald als möglich an Ort und Stelle der begangenen strafbaren Handlung begeben, wenn sich erwarten läßt, daß sich noch Spuren vorfinden, die zur Feststellung des Thatbestandes oder zu Ueberführung des Thäters dienen können.

Wenn die Ergebnisse des Augenscheins erheblich sind, so sollen dieselben außer einer deutlichen Beschreibung wo möglich noch durch Pläne, Zeichnungen oder Modelle versinnlicht werden.

Bei besonders wichtigen Augenscheinen soll der Untersuchungsrichter den Staatsanwalt einladen, denselben beizuwohnen, und im Fall der Verhinderung desselben wo möglich eine andere Urkundsperson beiziehen.

§. 44.

Wenn die Erforschung des zu untersu- *Sachverständige.*
chenden Gegenstands besondere Kenntnisse oder
Fertigkeiten voraussetzt, so werden Sachverständige zugezogen, deren Wahl dem Untersuchungsrichter zusteht, und denen der Untersuchungsrichter die erforderlichen Fragen
zu stellen und die nöthigen Aufklärungen zu
ertheilen hat.

§. 45.

Bei minder wichtigen und einfachen Ge-
genständen, z. B. bei Schatzungen leicht zu
taxierender Sachen u. s. f. genügt ein Sachverständiger; in wichtigern Fällen sollen zwei
zugezogen werden.

§. 46.

Wenn die Angaben der Sachverständigen
unklar sind, so sind neue zuzuziehen, und
wenn zwei zugezogene Sachverständige erheblich von einander abweichen, so ist die
Meinung neuer Experten in gleicher oder
vermehrter Anzahl einzuholen.

§. 47.

In allen Fällen, in welchen medicinische *Physikus.*
oder chirurgische Grundsätze in Anwendung
kommen, ist der Kantonsphysikus der gesetz-
liche Sachverständige; namentlich hat derselbe
bei leichten, nicht lebensgefährlichen Verletzungen auf Anordnung des Untersuchungs-

richters oder der Polizeidirektion sofort den Verletzten zu untersuchen, je nach Umständen entweder allein oder unter Beiziehung eines zweiten Mitglieds der Wundschau oder des behandelnden Arztes.

Er hat in seinem Berichte die Verletzung zu beschreiben, und sich sowohl über die muthmaßliche Entstehungsweise, als über die wahrscheinlichen Folgen, namentlich die Dauer der verursachten Arbeitsunfähigkeit auszusprechen.

§. 48.

Wundschau. Bei lebensgefährlichen Verletzungen hat die gesammte Wundschau den Verletzten zu besichtigen; sie hat ferner bei allen Todesfällen, welche muthmaßlicher Weise durch strafbare Handlungen veranlaßt worden sind, die Legalsection vorzunehmen und sich in ihren Berichten genau über die Beschaffenheit der Leiche und die muthmaßlichen Ursachen des Todes auszusprechen.

§. 49.

Wundschau und Collegium medicum. Nach erhaltenem Gutachten des Physikus kann sich der Untersuchungsrichter, wenn er es für nöthig hält, noch an die Wundschau oder in besonders wichtigen Fällen an das Collegium medicum wenden; an das letztere auch nach eingeholtem Gutachten der Wundschau.

§. 50.

Unzurechnungsfähigkeit.

Entstehen Zweifel über die Zurechnungsfähigkeit eines Angeschuldigten, so ist die Untersuchung über den Gemüthszustand desselben und den Zusammenhang des Gemüthszustandes mit der begangenen strafbaren That wo möglich durch einen Irrenarzt, dem nach dem Ermessen des Untersuchungsrichters noch der Physikus oder der behandelnde Arzt beigeordnet werden kann, vorzunehmen.

Nach konstatierter Unzurechnungsfähigkeit eines Untersuchungsgefangenen kann der Untersuchungsrichter denselben in die Irrenanstalt verbringen lassen.

§. 51.

Verpflichtung und Entschädigung der Sachverständigen.

Die vom Untersuchungsrichter ernannten Sachverständigen sind gehalten, sich dem ihnen ertheilten Auftrag zu unterziehen. Verweigern sie dieses ohne genügende Gründe, so können sie nach dem Schluß der Voruntersuchung von der Ueberweisungsbehörde in eine Geldbuße bis zu Fr. 200 verfällt werden; auf diese Strafbestimmung hat der Untersuchungsrichter die Betreffenden aufmerksam zu machen.

Sie sind in wichtigern Fällen vor dem Antritt ihrer Funktionen darauf ins Handgelübde an Eidesstatt zu nehmen, daß sie die ihnen übertragenen Untersuchungen nach beſtem Wiſſen und Gewiſſen vornehmen wollen, und ſollen für ihren Zeitverluſt nach einem billigen Maßſtab entſchädigt werden.

Von letztern Beſtimmungen ſind diejenigen Sachverſtändigen ausgenommen, welche ſchon durch ihr Amt zu gewiſſenhafter Vornahme der ihnen übertragenen Unterſuchungen verpflichtet ſind und welche geſetzliche Taren beziehen.

§. 52.

Beſchlagnahme. Der Unterſuchungsrichter ſoll mit möglichſter Beförderung alle Gegenſtände, welche zur Entdeckung der Wahrheit beitragen können, ſeien dieſelben im Beſitz des Angeklagten oder eines Dritten, mit Beſchlag belegen und nöthigen Falls zu Handen nehmen. Hieher gehören hauptſächlich die Werkzeuge, mittelſt welcher eine ſtrafbare That verübt worden iſt, ſowie Sachen, die den Gegenſtand der ſtrafbaren That bilden, wie geſtohlene Effekten, gefälſchte Urkunden, falſche Geldſtücke, Druckſchriften und überhaupt Alles, was Spuren an ſich trägt, die auf einen Thäter hinweiſen, namentlich auch Urkunden und andre Papiere, welche Bezug auf das in Frage ſtehende Verbrechen oder Vergehen haben.

§. 53.

Der Unterſuchungsrichter iſt berechtigt,

solche Briefe, die vom Angeschuldigten ausgehen oder die an ihn gerichtet sind, seien sie in dessen Händen oder in denen einer dritten Person, oder auf der Post, mit Beschlag zu belegen und zu eröffnen, sobald anzunehmen ist, daß dieselben Aufschlüsse von Bedeutung für die Untersuchung enthalten.

Es können ferner auch zu Sicherung des Schadenersatzes und der Kosten einzelne Vermögensstücke des Angeschuldigten mit Beschlag belegt werden.

§. 54.

Wenn es den Umständen nach wahrscheinlich ist, daß ein eines Verbrechens oder Vergehens Verdächtiger, dessen Verhaftung von der Polizeidirektion noch nicht vorgenommen worden ist, sich in einem Haus verborgen hält, oder daß sich in einem Haus Gegenstände oder sichtbare Spuren vorfinden, die zur Feststellung des Thatbestandes einer strafbaren Handlung führen können, so ist der Untersuchungsrichter berechtigt, auch gegen den Willen des Eigenthümers oder Bewohners Haussuchungen vorzunehmen.

Solche Haussuchungen sollen jedoch nur mit Genehmigung des Staatsanwalts und nur zur Tageszeit vorgenommen werden, beides mit Ausnahme von dringenden Fällen.

Haussuchung.

§. 55.

Die Person, deren Wohnung durchsucht wird, und in deren Abwesenheit ein Familienangehöriger oder Hausgenosse, ist wo möglich bei der Haussuchung beizuziehen. Wird die Wohnung geschlossen angetroffen, so darf erst Gewalt angewendet werden, wenn die Bewohner vorerst fruchtlos aufgefordert worden sind, zu öffnen.

§. 56.

Protokoll des Untersuchungsrichters.

Der Untersuchungsrichter soll über alle seine vorgenommenen Handlungen ein genaues Protokoll in chronologischer Ordnung führen; ausnahmsweise kann derselbe, wenn es zur Förderung der Sache dient, einen Aktuar beiziehen, als welcher in der Regel der Gehilfe des Gerichtsschreibers zu funktionieren hat.

§. 57.

Jedes Protokoll soll enthalten:
1. Die Bezeichnung der Zeit und des Orts der Verhandlung.
2. Den wesentlichen Inhalt jeder Verhandlung.
3. Die Unterschrift des Untersuchungsrichters und des Aktuars, wenn ein solcher zugezogen wird.

Nachträge zu den Protokollen sind jeweilen durch besondere Unterschriften zu beglaubigen.

§. 58.

Das Protokoll der Abhörungen des Angeklagten muß den wesentlichen Inhalt der gestellten Fragen und ertheilten Antworten in numerierter Reihenfolge enthalten; es soll dem Angeklagten vorgelesen und von demselben unterschrieben werden.

Wesentliche Zeugenaussagen sollen in direkter Rede protokolliert und von den Zeugen unterschrieben werden.

Gutachten von Sachverständigen können nach dem Ermessen des Untersuchungsrichters entweder schriftlich von denselben eingereicht, oder wie wesentliche Zeugenaussagen zu Protokoll genommen werden.

Wenn der Untersuchungsrichter bei besonders wichtigen Augenscheinen den Staatsanwalt oder andre Urkundspersonen beizieht, so soll von diesen das Protokoll ebenfalls unterschrieben werden.

Bei Beschlagnahmen sind die mit Beschlag belegten und die zu Handen genommenen Gegenstände alle einzeln im Protokoll zu bezeichnen und letztere sorgfältig aufzubewahren.

Das Protokoll über Haussuchungen ist

von allen beigezogenen Personen ebenfalls zu unterzeichnen.

Wird beim Unterzeichnen des Protokolls eine Unterschrift verweigert, so sind die Gründe im Protokoll aufzuführen.

§. 59.

Aufsicht des Staatsanwalts. Der Staatsanwalt hat die Beobachtung aller gesetzlichen Formen während der richterlichen Voruntersuchung zu überwachen und es steht ihm das Recht zu, am Schlusse derselben geeignete Anträge zur Vervollständigung an den Untersuchungsrichter zu stellen.

Es steht dem Staatsanwalt frei, bei allen Verhören und sonstigen Untersuchungshandlungen gegenwärtig zu sein; besonders wichtigen Augenscheinen und Haussuchungen soll er wo möglich beiwohnen.

V. Abschnitt.

Vom Ueberweisungsverfahren.

§. 60.

Antrag des Staatsanwalts. Nach Beendigung der Voruntersuchung übergiebt der Untersuchungsrichter die sämmtlichen Akten dem Staatsanwalt, welcher dieselben der Ueberweisungsbehörde vorlegt.

Dieses Verfahren soll bei allen Voruntersuchungen beobachtet werden, die in die

Hände des Untersuchungsrichters gelangt sind, auch bei solchen, denen der Untersuchungsrichter selbst keine weitere Folge gegeben hat.

§. 61.

Die Ueberweisungsbehörde wird vom Staatsanwalt versammelt, so oft es die Geschäfte erfordern; sie faßt ihre Beschlüsse in geheimer Verhandlung auf Grundlage der ihr vorgelegten Akten und des mündlichen Antrags des Untersuchungsrichters, der die betreffende Untersuchung geführt hat. *Versammlung der Ueberweisungsbehörde.*

Ueber die Verhandlungen der Ueberweisungsbehörde wird entweder durch eines ihrer Mitglieder oder durch den Gehilfen des Gerichtsschreibers ein förmliches Protokoll geführt.

§. 62.

Die Ueberweisungsbehörde kann folgende Beschlüsse fassen: *Beschlüsse der Ueberweisungsbehörde.*

1. Den Angeklagten dem korrektionellen oder Kriminalgericht zur Beurtheilung überweisen.

2. Die Untersuchung dahinstellen, womit je nach Umständen eine Mittheilung der Akten an das Polizeigericht oder an auswärtige kompetente Gerichte verbunden werden kann.

3. Die Untersuchung zur Vervollstän-

gung an den Untersuchungsrichter zurückweisen.

Bei der Ueberweisung von korrektionellen Untersuchungen wird die Ueberweisungsbehörde darüber entscheiden, ob der Angeklagte bis zur Beurtheilung in Haft bleiben soll, oder ob er mit oder ohne Kaution auf freiem Fuß zu belassen sei.

Die Ueberweisungsbehörde wird ferner in allen Fällen, in welchen die Mittheilung der Akten an eine Administrativbehörde im öffentlichen Interesse geboten erscheint, dieselbe verfügen.

§. 63.

Unschuldszeugniß und Entschädigung.

Bei denjenigen Untersuchungen, welche von der Ueberweisungsbehörde dahingestellt werden, kann je nach Umständen dem Angeschuldigten ein Unschuldszeugniß, und wenn er ohne seine Schuld verhaftet war, auch eine Geldentschädigung zugestellt werden.

§. 64.

Wiederaufnahme einer dahingestellten Untersuchung.

Eine durch Beschluß der Ueberweisungsbehörde dahingestellte Untersuchung kann nur dann wieder aufgenommen werden, wenn sich neue Beweise für die Schuld des Angeschuldigten ergeben.

§. 65.

Inhalt der Ueberweisungsbeschlüsse.

Die Ueberweisungsbeschlüsse werden nicht motiviert und unterliegen keinem Rekurs; sie enthalten nur die genaue Bezeichnung des Angeklagten, des Gerichts, an welches derselbe zur Beurtheilung gewiesen wird, und der strafbaren Handlungen, welche ihm zur Last gelegt werden.

§. 66.

Sobald ein Ueberweisungsbeschluß erlassen ist, hat der Staatsanwalt nach Anleitung desselben eine Anklageschrift zu verfassen. Diese soll enthalten: *Anklageschrift.*

1. Die genaue Bezeichnung des Angeklagten.
2. Die Bezeichnung der strafbaren Handlungen, welche dem Angeklagten zur Last gelegt werden.
3. Die wesentlichen Umstände, unter welchen diese Handlungen begangen worden sind, mit möglichst genauer Bezeichnung von Zeit und Ort.
4. Die Bezeichnung der Gesetzesparagraphen, nach welchen die betreffenden Handlungen strafbar sind.

§. 67.

Spätestens zwei Tage nach der Fassung eines Ueberweisungsbeschlusses soll der Staatsanwalt die Voruntersuchungsakten nebst dem Ueberweisungsbeschlusse und der Anklageschrift dem Präsidenten des Kriminalgerichts zustellen.

Bei großer Geschäftsüberhäufung oder bei besonders ausgedehnten Prozeduren ist die Ueberweisungsbehörde ermächtigt, diese Frist angemessen zu erweitern.

VI. Abschnitt.
Vom Hauptverfahren.

§. 68.

Einleitung des Hauptverfahrens. Von dem Augenblick des Ueberweisungsbeschlusses an hat der Kriminalgerichtspräsident die ausschließliche Verfügung über den Angeklagten und soll mit möglichster Beförderung alle Einleitungen zu dessen Beurtheilung treffen.

§. 69.

Vertheidigungsrecht. Er läßt demselben durch die Gerichtskanzlei den Ueberweisungsbeschluß und die Anklageschrift vorlesen, und läßt denselben anfragen, ob er sich selbst vertheidigen wolle oder einen Vertheidiger wünsche.

Der Angeklagte hat das Recht, sich auf eigne Kosten einen Vertheidiger zu wählen; kann derselbe wegen Vermögenslosigkeit von diesem Rechte keinen Gebrauch machen, so ist der Präsident in Kriminalfällen verpflichtet, ihm auf Begehren von Amtswegen einen solchen zu bestellen; in correktionellen Fäl=

len ist er dazu berechtigt, wenn besondere Umstände es wünschbar machen.

Wenn sich in solchen Fällen kein freiwilliger Vertheidiger zur Uebernahme der Vertheidigung bereit erklärt, so sind die vor den Gerichten auftretenden Sachwalter nach einer vom Gericht festzusetzenden Reihenfolge zur Uebernahme verpflichtet.

Das Gericht ist ermächtigt, den von Amtswegen aufgestellten Vertheidigern angemessene Entschädigungen zu bewilligen, wenn die Uebernahme solcher Vertheidigungen sich öfters wiederholt oder wenn dieselben besonders schwierig und zeitraubend sind.

§. 70.

Der Präsident des Kriminalgerichts ist mit allen dem Untersuchungsrichter in der Voruntersuchung zustehenden Befugnissen bekleidet, um dasjenige anzuordnen, was die Entdeckung der Wahrheit in der Hauptverhandlung fördern kann.

Präsidial-befugniß.

§. 71.

Wenn sich nach der Ueberweisung, jedoch vor dem Beginne des Hauptverfahrens neue Thatsachen ergeben, welche in entlastendem oder erschwerendem Sinne auf die Beurtheilung des Angeklagten einwirken können, oder wenn während der angegebenen Zeit Beweise neuer in der Voruntersuchung nicht berück-

Ausmittlung neuer Beweise.

sichtigter strafbarer Handlungen auftauchen, so soll der Kriminalgerichtspräsident die nöthigen Erhebungen zur Vervollständigung der Untersuchung durch den Untersuchungsrichter vornehmen lassen oder in dringenden Fällen auch selbst vornehmen.

Die neu erhobenen Akten werden in solchen Fällen dem Staatsanwalt zu allfälliger Ergänzung der Anklageschrift zugestellt; wenn jedoch nach einer stattgefundenen Ueberweisung an das korrektionelle Gericht neue strafbare Handlungen krimineller Natur zum Vorschein gekommen sind, so sollen die sämmtlichen Akten nochmals der Ueberweisungsbehörde vorgelegt werden.

§. 72.

Ausmittlung neuer Mitschuldiger.

Wenn sich nach der Ueberweisung an das Strafgericht außer den im Ueberweisungsbeschluß genannten Angeklagten noch weitere muthmaßliche Mitschuldige derselben ergeben, so können dieselben nur in Folge eines neuen Ueberweisungsbeschlusses vor Gericht gezogen werden, und es hängt in diesen Fällen von dem Ermessen des Kriminalgerichtspräsidenten, oder wenn das mündliche Verfahren bereits begonnen hat, von demjenigen des Gerichts ab, ob die Beurtheilung der bereits dem Gericht überwiesenen Angeklagten bis dahin ausgestellt oder gleich zu Ende geführt werden soll.

§. 73.

Nach der Ueberweisung eines Straffalls ordnet der Kriminalgerichtspräsident so beförderlich als möglich den Gerichtstag an, und entwirft die Liste der vorzuladenden Zeugen und Sachverständigen, welche sowohl dem Staatsanwalt als dem Angeklagten und seinem Vertheidiger mitzutheilen ist. *Gerichtstag und Zeugenliste.*

§. 74.

Sowohl der Staatsanwalt als der Angeklagte oder sein Vertheidiger können die Vorladung weiterer Zeugen und Sachverständigen beantragen, und der Präsident ist verpflichtet, solchen Anträgen zu willfahren, wenn die betreffenden Personen schon in der Voruntersuchung abgehört worden sind, oder wenn sich irgend erhebliche Aussagen von denselben erwarten lassen.

§. 75.

Sowohl dem Angeklagten und seinem Vertheidiger, als dem Beschädigten, ist die Einsicht der Akten vor der Hauptverhandlung mit der nöthigen Vorsicht zu gestatten; den beiden erstern steht überdieß das Recht zu, in Kriminalfällen eine Frist von wenigstens sechs Tagen, in korrektionellen Fällen von *Mittheilung der Akten.*

wenigstens drei Tagen zur gehörigen Vorbereitung der Vertheidigung zu verlangen.

§. 76.

Vorladungen zur Hauptverhandlung.

Die Vorladungen zur Hauptverhandlung sollen dem Angeklagten, den Zeugen, Sachverständigen und dem Beschädigten in Kriminalfällen wenigstens 48, in korrektionellen Fällen wenigstens 24 Stunden vor dem Beginn derselben zugestellt werden.

Dem Beschädigten ist, insofern er nicht als Zeuge erscheinen muß, zu eröffnen, daß er die Erledigung der Entschädigungsfrage ohne persönliches Erscheinen dem Ermessen des Gerichts anheimstellen kann.

Bei nachgewiesener Verhinderung steht dem Beschädigten das Recht zu, sich durch einen Bevollmächtigten vertreten zu lassen; ebenso in den Fällen, in welchen für den Angeklagten ein Vertheidiger auftritt, was dem Beschädigten wenigstens fünf Tage vor der Hauptverhandlung anzuzeigen ist.

§. 77.

Mündlichkeit und Oeffentlichkeit.

Die Hauptverhandlung vor Gericht ist mündlich und öffentlich; das Gericht soll jedoch die Oeffentlichkeit ausschließen oder beschränken, wenn die Verhandlungen Aergerniß erregender Art sind oder wenn Ruhestörungen zu besorgen sind.

§. 78.

Bestrafung von Ungebührlichkeiten.

Angeklagte, Zeugen oder Zuhörer, die sich einer Ungebührlichkeit schuldig machen, können von dem Gericht mit einer inappellabeln Geldbuße bis zu Fr. 50 oder einer Freiheitsstrafe bis zu fünf Tagen belegt werden, insofern sich der Fall nicht zu Einleitung eines besondern strafrechtlichen Verfahrens eignet.

§. 79.

Beginn der Hauptverhandlung.

Der Angeklagte erscheint beim Beginn der Verhandlung, insofern er verhaftet ist, unter angemessener Bedeckung vor Gericht, und wird zuerst über Namen, Alter, Stand, Beruf, Wohnort und Heimath befragt.

§. 80.

Der Gerichtsschreiber verliest hierauf den Ueberweisungsbeschluß und die Anklageschrift.

§. 81.

Abhörungen des Angeklagten und der Zeugen.

Der Gerichtspräsident hört hierauf den Angeklagten einläßlich über die gegen ihn erhobenen Anschuldigungen ab, wobei nach Anleitung des §. 37 verfahren werden soll.

§. 82.

Nach der Einvernehmung des Angeklagten werden die Zeugen in der von dem Gerichtspräsidenten festgestellten Reihenfolge vorberufen und abgehört, wobei die Bestimmungen der Paragraphen 38—42 ebenfalls

Geltung haben, so weit nicht die folgenden Paragraphen abweichende Bestimmungen enthalten.

§. 83.

Bei der Abhörung des Angeklagten ist der Gerichtspräsident an den Inhalt der Anklageschrift gebunden.

Wenn sich während des Hauptverfahrens Beweise neuer, in der Anklageschrift nicht berücksichtigter Verbrechen und Vergehen des Angeklagten ergeben, so sollen dieselben wo möglich, nachdem eine Ergänzung der Anklageschrift durch den Staatsanwalt stattgefunden hat, in der gleichen Verhandlung untersucht und beurtheilt werden.

Kann dieß nicht geschehen, so wird die Untersuchung über die ursprünglich in der Anklageschrift enthaltenen strafbaren Handlungen zu Ende geführt und abgeurtheilt und hernach auf Beschluß des Gerichts über die neuen Anklagepunkte eine besondere Untersuchung durch einen Untersuchungsrichter eingeleitet.

§. 84.

Jeder Zeuge wird vor seiner Abhörung aufgefordert, die an ihn gerichteten Fragen der Wahrheit gemäß, Niemanden zu Lieb noch zu Leid, zu beantworten und seine Aussagen so abzulegen, daß er dieselben eidlich bekräftigen könne.

Hierauf wird der Zeuge nach Anleitung des §. 39 vernommen, wonach er mit dem Angeklagten und andern Zeugen konfrontiert werden kann.

§. 85.

Es steht dem Staatsanwalt, dem Ange= klagten und seinem Vertheidiger das Recht zu, sowohl nach der Einvernehmung des An= geklagten als nach der Abhörung eines jeden Zeugen Ergänzungsfragen an dieselben zu stellen und zu diesem Zwecke das Wort von dem Präsidenten zu verlangen. *Ergänzungs= fragen.*

Auch die Richter haben das Recht durch Vermittlung des Präsidenten weitere Fragen zu stellen.

Der Präsident hat darüber zu wachen, daß kein Mißbrauch dieses Fragerechts statt= finde.

§. 86.

Es ist dem Ermessen des Gerichtspräsi= denten überlassen, welchen Zeugen er vor oder nach deren Abhörung das Handgelübde ab= nehmen will; es steht jedoch dem Staats= anwalt, dem Angeklagten und seinem Ver= theidiger, sowie jedem Richter zu, Anträge auf Abnahme des Handgelübdes zu stellen, *Eid und Hand= gelübde.*

über die das Gericht entscheidet, wenn der Präsident von sich aus nicht willfahren will.

Bei besonders wichtigen Zeugenaussagen kann das Gericht auf den Antrag einer der genannten Personen dem Zeugen auch den Eid auferlegen, welchem aber eine Eidesbelehrung vorausgehen muß.

§. 87.

Folgenden Zeugen soll weder Handgelübde noch Eid abgenommen werden:
1. Den Personen, welche laut §. 40 nicht zur Ablegung eines Zeugnisses verpflichtet sind.
2. Personen unter 18 Jahren.
3. Personen, die ihrer Vernunft nicht ganz mächtig sind oder an großer Schwäche des Wahrnehmungs- oder Erinnerungsvermögens leiden.
4. Nicht rehabilitierte Kriminalisierte.

Bei Beamten und Angestellten, welche über Wahrnehmungen aussagen, die sie in ihrer amtlichen Stellung gemacht haben, genügt in der Regel eine Hinweisung auf die Amtspflicht.

Bei Zeugen, welchen ihre Religion keine Eidesleistung gestattet, tritt die nach dem betreffenden Glaubensbekenntniß übliche Form der Bekräftigung an dessen Stelle.

§. 88.

Ueber die Abhörung der Sachverständigen in der Hauptverhandlung gelten die gleichen Bestimmungen, wie über die Abhörung der Zeugen.

Abhörung der Sachverständigen.

Den Sachverständigen kann das Handgelübde nur abgenommen werden, wenn es in der Voruntersuchung noch nicht geschehen ist.

Wenn die der Beurtheilung der Sachverständigen zu unterstellenden Untersuchungen einfacher Natur sind, wie z. B. bei Schatzungen, leichten Körperverletzungen u.s.f., und das in der Voruntersuchung abgegebene Gutachten den Gegenstand erschöpfend behandelt, so kann statt der mündlichen Abhörung eines Sachverständigen die Verlesung des in der Voruntersuchung enthaltenen schriftlichen Gutachtens stattfinden.

§. 89.

Zeugen und Sachverständige sollen ohne dringende Gründe nicht vor dem Schluß der Hauptverhandlung entlassen werden.

Bestrafung widerspenstiger Zeugen u. Sachverständiger.

Wenn ein Zeuge oder Sachverständiger auf erhaltene Vorladung ohne genügende Entschuldigung nicht erscheint, so soll er vom Gericht in eine inappellable Buße von Fr. 5—50 und überdieß in die Kosten der Verhandlung verfällt werden, wenn der Prozeß seinetwegen vertagt werden muß. Wenn ein Zeuge oder Sachverständiger sich ohne genügende Gründe weigert, die von ihm verlangte Auskunft zu geben oder ein ihm auferlegtes Handgelübde, beziehungsweise Eid, abzulegen, so kann vom Gericht eine Geldbuße bis Fr. 50 oder Freiheitsstrafe bis fünf Tage gegen denselben ausgesprochen oder auch geeigneten Falls eine strafrechtliche Untersuchung wegen Widersetzlichkeit gegen denselben eingeleitet werden.

§. 90.

Beweisstücke. Während der Hauptverhandlung sollen alle Gegenstände, welche als Beweisstücke der strafbaren Handlung mit Beschlag belegt worden sind, vorliegen.

§. 91.

Verlesung aus den Voruntersuchungsakten. Die Voruntersuchungsakten werden in der Hauptverhandlung nicht verlesen; hievon finden jedoch folgende Ausnahmen statt:

1. Wenn ein Zeuge oder Sachverständiger aus irgend welchen Gründen in der Hauptverhandlung nicht erscheinen kann oder die persönliche Berufung eines Sachverständigen unnöthig erscheint, so wird das in der Voruntersuchung von demselben abgegebene Zeugniß oder Gutachten verlesen.
2. Wenn der Angeklagte, ein Zeuge oder

Sachverständiger in der Hauptverhand=
lung Aussagen machen, die mit den in
der Voruntersuchung enthaltenen in
wesentlichem Widerspruch stehen, so
dürfen die betreffenden Aussagen ver=
lesen werden, um den Betreffenden zu
einer Erklärung über diesen Wider=
spruch zu veranlassen.

3. Alle Bescheinigungen von öffentlichen
Beamten oder Behörden über amtlich
gemachte Wahrnehmungen, als Tauf=
scheine, Leumdenszeugnisse u. s. f. kön=
nen sowie die Protokolle des Unter=
suchungsrichters über vorgenommene
Haussuchungen und Augenscheine ver=
lesen und etwa aufgenommene Zeich=
nungen u. s. f. dem Gerichte vorgelegt
werden; in wichtigen Fällen kann je=
doch der Untersuchungsrichter auch selbst
darüber angehört werden.

§. 92.

Schluß der Untersuchung.

Wenn der Präsident die Einvernahmen
des Angeklagten, der Zeugen und Sachver=
ständigen beendigt hat, wird er das Gericht
anfragen, ob es die Untersuchung für ge=
schlossen erachte.

Auf diese Anfrage hin steht den einzel=
nen Richtern, dem Staatsanwalt, dem An=
geklagten und seinem Vertheidiger frei, An=

träge zur Vornahme weiterer Untersuchungshandlungen zu stellen, denen der Präsident entweder von sich aus willfahren kann, oder die er dem Entscheid des Gerichts unterstellt.

Wenn Vervollständigungen für nothwendig erachtet werden, so sollen dieselben, wo immer möglich, sofort vorgenommen werden, und es ist der Präsident mit den hiezu nöthigen Befugnissen, namentlich aber mit dem Recht ausgerüstet, Vorladungen zu sofortigem Erscheinen und Vorführungsbefehle gegen Jedermann zu erlassen.

§. 93.

Parteivorträge. Wenn die Untersuchung für vollständig erklärt wird, so ertheilt der Präsident dem Staatsanwalt das Wort, um seinen Antrag über Strafe und Schadenersatz zu stellen, den derselbe auf die durch die mündliche Verhandlung erhaltene Ueberzeugung begründen soll.

Hierauf hat der Beschädigte oder sein Anwalt das Recht, seinen Antrag auf Entschädigung zu begründen.

Es erfolgt sodann die Vertheidigung des Angeklagten; ist dieser durch einen Anwalt vertreten, so soll er nach der Vertheidigung befragt werden, ob er derselben noch etwas beizufügen habe, wonach die öffentliche Verhandlung als geschlossen erklärt wird.

Der Staatsanwalt kann eine Replik und in diesem Falle der Vertheidiger eine Duplik vortragen.

VII. Abschnitt.
Von der Urtheilsfällung.

§. 94.

Nach dem Schluß der Parteivorträge fällt das Gericht in geheimer Berathung und in Abwesenheit des Staatsanwalts sein Urtheil, zu welchem Behuf der Präsident eine Umfrage eröffnet.

Berathung des Urtheils.

§. 95.

Bei der Fällung des Urtheils ist das Gericht nicht an die Anträge des Staatsanwalts gebunden, sondern fällt sein Urtheil auf Grundlage der durch die mündliche Verhandlung gewonnenen Ueberzeugung.

§. 96.

Bei dem Entscheid des Richters über Schuld oder Nichtschuld des Angeklagten sind keine bestimmten Beweisregeln maßgebend, sondern es entscheidet sein freies Ermessen. Er soll aber bei Bildung seiner Ansicht die gegen den Angeklagten vorgebrachten Beweise genau und gewissenhaft prüfen und sich davor hüten, der äußern Erscheinung desselben oder einzelner Zeugen zu vielen Einfluß zu gestatten.

Wenn der Angeklagte ein Geständniß abgelegt hat, so soll der Richter hauptsächlich darauf sehen, ob dasselbe freiwillig, unzweideutig, ausdrücklich und mit den übrigen ermittelten Umständen übereinstimmend sei.

Bei der Würdigung von Zeugenaussagen wird der Richter sowohl die ganze Individualität des Zeugen, als seine Stellung zum Angeklagten ins Auge fassen und darauf sehen, ob die Aussage desselben bestimmt und deutlich sei, und ob sie auf eigner Wahrnehmung oder etwa nur auf Hörensagen oder bloßen Vermuthungen beruhe.

Wenn der Beweis gegen den Angeklagten auf Anzeigen, d. h. auf einzelnen Umständen beruht, die einen Schluß auf die Schuld desselben gestatten, so wird der Richter hauptsächlich prüfen, ob diese Umstände an sich fest stehen, ob sie unter sich im Zusammenhang sind, ob sie nicht mit andern ermittelten Umständen im Widerspruch stehen, und ob die Uebereinstimmung derselben so stark ist, daß sie vernünftiger Weise nicht anders als aus der Begehung der strafbaren That durch den Angeklagten erklärt werden können.

§. 97.

Wenn das Kriminalgericht eine durch die Ueberweisungsbehörde an dasselbe gewiesene Untersuchung für korrektionell ansieht, so wird dasselbe nichts desto weniger die Beurtheilung nach den betreffenden Bestimmungen des korrektionellen Gesetzes vornehmen; das erlassene Urtheil ist sodann nach Form und Inhalt als ein korrektionelles zu behandeln. *Kompetenzfrage.*

§. 98.

Wenn dagegen das korrektionelle Gericht in seiner Mehrheit eine durch die Ueberweisungsbehörde an dasselbe gewiesene Untersuchung für kriminell hält, so kann es dieselbe in jedem Stadium abbrechen und soll dieselbe zur neuen Verhandlung ans Kriminalgericht bringen, welches sodann nach seinem Ermessen ein Kriminal- oder korrektionelles Endurtheil zu fällen hat.

§. 99.

Nach gehaltener Umfrage, wobei dem Präsidenten das letzte Votum zukommt, wird derselbe in Abmehrung bringen, ob und welcher strafbaren Handlungen der Angeklagte schuldig zu erklären und hernach, welche Strafe gegen denselben in Anwendung zu bringen sei. *Abmehrung.*

Bei dieser Abstimmung ist immer die mildere Meinung zuerst ins Mehr zu setzen und stufenweise fortzufahren, bis eine Meinung das absolute Mehr erhält.

Die Todesstrafe kann nur mit zwei Drittheilen der Stimmen verhängt werden.

§. 100.

Urtheilsform. Das Urtheil muß entweder auf Freisprechung oder Bestrafung lauten.

§. 101.

Entschädigung des Angeklagten. Mit der Freisprechung kann eine Entschädigung verbunden werden, wenn der Angeklagte bedürftig ist und zu der Untersuchung keine Veranlassung gegeben hat.

§. 102.

Prozeßkosten. Ein Freigesprochener kann nur dann zu den Prozeßkosten verurtheilt werden, wenn er die Verdachtsgründe, welche die Untersuchung veranlaßt haben, selbst verschuldet hat.

§. 103.

Ein Strafurtheil zieht immer die Verfällung zu den Prozeßkosten nach sich.

Bei mehrern Mitschuldigen wird das Gericht das Verhältniß des Einzelnen nach Maßgabe der Verschuldung bestimmen; auch haften mehrere Mitschuldige, wenn nicht ausdrücklich etwas anderes bestimmt wird, solidarisch für die Kosten.

§. 104.

Die Prozeßkosten bestehen aus den während der Voruntersuchung und des Hauptverfahrens veranlaßten Baarauslagen für Zeugenentschädigungen u. s. f., aus den Kosten der Untersuchungshaft und endlich aus einer vom Gericht zu bestimmenden, zu Handen des Staats verfallenden Urtheilsgebühr, welche je nach der Dauer und dem Umfange des Prozesses in korrektionellen Fällen für jeden Beurtheilten Fr. 3—50, in Kriminalfällen Fr. 5—100 betragen soll.

§. 105.

Schadenersatz.

Das Urtheil soll in den Fällen, wo Verpflichtung zum Schadenersatz vorhanden ist, sowohl den Betrag desselben bestimmen, als auch bei mehrern Mitschuldigen das Verhältniß jedes Einzelnen nach Maßgabe der Verschuldung festsetzen. Auch haften mehrere Mitschuldige, wenn nicht ausdrücklich etwas anderes bestimmt ist, solidarisch für den Betrag des Schadenersatzes, welcher den Vorrang vor den Prozeßkosten genießt.

Wenn jedoch die Ersatzfrage verwickelt ist und nach Beendigung der Hauptverhandlung noch nicht spruchreif erscheint, so ist es dem Gericht gestattet, dieselbe zur Erledigung an den Civilrichter zu verweisen.

§. 106.

Rückgabe gestohlener Effekten.

Wenn gestohlene oder geraubte Effekten bei dem Verbrecher vorgefunden oder sonst zur Hand gebracht werden, so sollen dieselben dem Eigenthümer nach vollendeter Prozedur sofort wieder zugestellt werden.

§. 107.

Inhalt der Urtheile.

Der Gerichtsschreiber faßt das Urtheil unter Leitung des Präsidenten sofort schriftlich ab. Dasselbe soll enthalten:
1. Datum der Beurtheilung.
2. Vor- und Zunamen, Heimath, Alter und Beruf des Beurtheilten.
3. Beschluß der Ueberweisungsbehörde und Datum desselben.
4. Anzeige, ob der Angeklagte einen Vertheidiger gehabt hat oder nicht.
5. Anzeige, ob der Beschädigte einen Antrag auf Schadenersatz gestellt hat oder nicht.
6. Benennung der strafbaren Handlung, wegen deren der Angeklagte verurtheilt wird und deren er angeklagt war.
7. Die Thatsachen, welche dem Urtheil über die Schuld zu Grunde liegen, unter Bezeichnung von Zeit und Ort, und die rechtliche Würdigung dieser Thatsachen nebst Anführung der bezüglichen Gesetzesstellen.
8. Die Strafbestimmung oder Freisprechung.
9. Allfällige Bestimmungen über die Ent-

schädigung an den Beurtheilten, den Schadenersatz und die Prozeßkosten.
10. Die Unterschrift des Präsidenten und des Gerichtsschreibers.

§. 108.

Sofort nach Abfassung des Urtheils wird dasselbe dem Angeklagten in Gegenwart des Staatsanwalts in öffentlicher Sitzung durch den Gerichtsschreiber verlesen und demselben von dem ihm zustehenden Rekursrechte Kenntniß gegeben. *Urtheilsverkündung.*

Wenn die sofortige Ausfertigung der Motive zu viel Zeitverlust nach sich zieht, so kann ausnahmsweise dem Angeklagten nur der dispositive Theil des Urtheils angezeigt und die Abfassung und Mittheilung der Motive um 48 Stunden verschoben werden.

§. 109.

Der Gerichtsschreiber hat über die ganze Hauptverhandlung, von der Vorführung des Angeklagten an bis zur Urtheilseröffnung, ein Protokoll abzufassen. *Protokoll.*

Dasselbe soll enthalten:
1. Die Erwähnung der Erfüllung aller in diesem Gesetz vorgeschriebenen Förmlichkeiten.
2. Die Angaben des Angeklagten über seine persönlichen Verhältnisse.
3. Die Aufzählung aller abgehörten Zeu-

gen und Sachverständigen, nebst Erwähnung, ob ihnen ein Handgelübde oder ein Eid abgenommen worden.

4. Die Bezeichnung derjenigen Aktenstücke aus der Voruntersuchung, welche in der Hauptuntersuchung verlesen wurden.

5. Den Inhalt der Anträge des Staatsanwalts, des Beschädigten und des Vertheidigers.

6. Den vollständigen Wortlaut des Urtheils.

Dieses Protokoll soll so bald als möglich nach der Verhandlung vom Gerichtsschreiber in chronologischer Ordnung in das dazu bestimmte Buch eingetragen werden.

Ausserdem hat der Gerichtsschreiber auch den materiellen Inhalt der Aussagen des Angeklagten, der Zeugen und der Sachverständigen so vollständig als möglich aufzuzeichnen und die bezüglichen Protokollminuten sorgfältig aufzubewahren. Dieser Theil des Protokolls wird jedoch nur in Rekursfällen zu Handen des Appellationsgerichts in Reinschrift ausgefertigt und auch in diesem Falle nur so weit, als in der Hauptverhandlung Abhörungen von Zeugen oder Sachverständigen, die in der Voruntersuchung nicht vernommen wurden, stattgefunden haben, und als wesentliche Abweichungen und Zusätze zu den in der Voruntersuchung gemachten Aussagen vorgekommen sind.

§. 110.

Urtheilszustellung.

Der Gerichtsschreiber hat die Verpflichtung, dem Staatsanwalt, jedem Beurtheilten und jedem Beschädigten auf dessen Begehren ein vollständiges Urtheil, den letzten Beiden gegen die Gebühr von einem Franken auszufertigen.

VIII. Abschnitt.
Von der Appellation und Revision.

§. 111.

Appellationsrecht.

Sowohl dem Beurtheilten, wenn er in eine Strafe verfällt worden ist, als dem Staatsanwalte steht das Recht zu, von einem gefällten Urtheil innerhalb drei Tagen, von seiner Eröffnung an gerechnet, zu appellieren.

Auch über die Entschädigungsfrage kann sowohl von Seite des Beschädigten als des Beurtheilten und des Staatsanwalts der Rekurs ergriffen werden, wenn eine Entschädigung von dem nach den Bestimmungen der Civilprozeßordnung für Civilfälle appellabeln Betrage dem Beurtheilten auferlegt oder dem Beschädigten von seiner Forderung aberkannt worden ist.

§. 112.

Appellations-erklärung.

Wenn der Staatsanwalt, der Beschädigte oder der Angeklagte vom Appellationsrecht Gebrauch machen wollen, so haben sie ihre Erklärung innerhalb drei Tagen dem Kriminalgerichtspräsidenten schriftlich einzureichen.

Wenn sich der Verurtheilte in Haft befindet, so soll seine Erklärung durch den Gerichtsschreiber unter Beiziehung seines Vertheidigers zu Protokoll genommen und ihm jedenfalls, wenn er dieselbe nicht früher abgegeben hat, vor Verfluß von drei Tagen eine solche abgefordert werden.

§. 113.

Uebersendung der Akten.

Jede Appellationserklärung wird durch die Gerichtskanzlei spätestens acht Tage nach Ablauf der Fatalien nebst den sämmtlichen Akten dem Präsidenten des Appellationsgerichts eingesandt.

§. 114.

Appellationsgründe.

Findet sich ein von dem Kriminal- oder korrektionellen Gerichte Beurtheilter auch im Falle der Freisprechung nicht sowohl durch den Inhalt als durch die Fassung des Urtheils, namentlich durch die demselben beigefügten Entscheidungsgründe beschwert, so steht ihm darüber das Recht der Beschwerdeführung beim Appellationsgerichte binnen drei

Tagen, von der Mittheilung des vollständigen Urtheils an gerechnet, zu.

Er hat in diesem Falle seine Beschwerdeschrift innerhalb der nächstfolgenden acht Tage unter gleichzeitiger schriftlicher Anzeige an das Kriminalgerichtspräsidium dem Präsidenten des Appellationsgerichts einzugeben, welcher dieselbe dem ersteren zur Eingabe eines Berichtes mittheilt.

Das Appellationsgericht wird nach Kenntnißnahme der Beschwerde und des Berichts über die Fassung des betreffenden Urtheils endgiltig entscheiden und kann den Beschwerdeführer, wenn sich seine Beschwerde als unbegründet und muthwillig ergiebt, zu einer Buße bis auf fünfzig Franken verfällen. Bis dahin ist die Publikation des betreffenden Urtheils einzustellen.

§. 115.

Die erstinstanzlichen Akten werden an dem für die Beurtheilung festgesetzten Tag verlesen, oder vorher nach dem Ermessen des Appellationsgerichtspräsidenten unter den Mitgliedern des Appellationsgerichts in Zirkulation gesetzt.

Appellationsverfahren.

§. 116.

Der Beurtheilte hat auch in zweiter Instanz das Recht, sich durch einen selbst gewählten oder durch einen ihm vom Appellationsgerichtspräsidenten geordneten Vertheidiger vertreten zu lassen und entweder selbst oder durch letztern Einsicht der Akten zu nehmen.

Das gleiche Recht gilt für den Beschädigten.

§. 117.

An dem für die Aburtheilung festgesetzten Tage tragen zuerst der oder die Appellanten ihre Rekursbeschwerde in öffentlicher Sitzung vor, insofern die Oeffentlichkeit nicht aus den in §. 77 aufgeführten Gründen beschränkt oder aufgehoben wird, worauf der oder die Appellaten antworten.

Der Appellant kann eine Replik und der Appellat in diesem Falle eine Duplik vortragen.

Wenn unter den Rekurrenten sich der Staatsanwalt befindet, so hat er seinen Vortrag zuerst zu halten.

§. 118.

Urtheilsfällung.

Das Appellationsgericht fällt hierauf in geheimer Sitzung sein Urtheil, wobei die für die erste Instanz aufgestellten Bestimmungen über die Abmehrung sowohl als über die Abfassung und Eröffnung des Urtheils ebenfalls Anwendung finden.

Das Appellationsgericht hat jedoch das Recht, vor dem Beginn der Parteivorträge von sich aus oder auf Antrag des Staatsanwalts oder des Angeklagten und seines Vertheidigers in Fällen, wo die Aussagen des Angeklagten und der Zeugen und die Gutachten der Sachverständigen von entscheidender Wichtigkeit erscheinen oder zu erheblichen Zweifeln Anlaß geben, den Angeklagten, die Zeugen und die Sachverständigen ausnahmsweise vor seinen Schranken selbst abzuhören, beziehungsweise neue Gutachten einzuholen, wobei die für die erste Instanz festgesetzten Vorschriften (§§. 68—93) im Allgemeinen ebenfalls gelten.

Dieses Recht fällt aber für alle Fälle, in welchen der Angeklagte ein unbedingtes und unzweideutiges Geständniß abgelegt hat, dahin.

Der Staatsanwalt und der Angeklagte oder sein Vertheidiger sollen, falls sie mündliche Abhörungen oder neue Gutachten verlangen, ihre Anträge dem Appellationsgerichtspräsidenten längstens vierzehn Tage nach Ablauf der Fatalien schriftlich eingeben, zu welchem Zwecke ihnen auf Begehren sofort Einsicht der Akten zu gestatten ist.

§. 119.

Wenn das Appellationsgericht in dem erstinstanzlichen Verfahren Formfehler oder materielle Unvollständigkeiten entdeckt, von

Rückweisung.

denen sich mit Wahrscheinlichkeit ergiebt, daß dieselben auf das Urtheil Einfluß gehabt haben, so kann es nach seinem Ermessen entweder die Untersuchung zu nochmaliger Beurtheilung an das erstinstanzliche Gericht zurückweisen, indem es die vorhandenen Mängel genau bezeichnet und angiebt, was im neuen Verfahren nachgeholt werden müsse, oder es kann die nöthigen Vervollständigungen von sich aus vornehmen und darauf hin selbst das Urtheil sprechen.

§. 120.

Neues Urtheil. Wenn das Appellationsgericht der Ansicht ist, es sei die Schuldfrage unrichtig entschieden worden oder es habe eine unrichtige Strafausmessung oder Gesetzesanwendung stattgefunden, so hebt es das erstinstanzliche Urtheil auf und fällt ein neues Urtheil.

§. 121.

Revision von Todesurtheilen. Wenn das Kriminalgericht ein Todesurtheil gefällt hat und gegen dasselbe kein Rekurs ergriffen wird, so sollen die Akten nichts desto weniger zum Zweck der Revision an das Appellationsgericht versandt werden.

Das Appellationsgericht prüft sodann die Richtigkeit des erstinstanzlichen Urtheils von Amtswegen ohne Parteivorträge und bestätigt dasselbe oder ändert dasselbe ab oder weist die Untersuchung im Sinne des §. 119 zu nochmaliger Beurtheilung zurück.

IX. Abschnitt.
Von der Vollstreckung des Urtheils.

§. 122.

Sobald ein Urtheil in Rechtskraft erwachsen ist, so soll dasselbe in gesetzlicher Ausfertigung der Polizeidirektion übersandt werden, welche dasselbe nach genommener Einsicht dem Kleinen Rathe übermittelt. Urtheile, welche auf Freiheitsstrafen lauten, sollen von der Polizeidirektion mit thunlichster Beförderung vollzogen werden. Hinsichtlich der Vollziehung von Todesstrafen gelten die Bestimmungen der bestehenden Verordnung. Geldbußen werden durch die Gerichtskanzlei bezogen. *Mittheilung und Vollstreckung.*

§. 123.

Der mit der Vollziehung beauftragte Beamte wird über Letztere ein Protokoll aufnehmen und dem Staatsanwalt eine Abschrift übersenden; der Staatsanwalt wird dieselbe den Akten beilegen. *Vollstreckungsprotokoll.*

§. 124.

Der Staatsanwalt wird die gehörige Vollziehung aller Urtheile überwachen und *Aufsicht des Staatsanwalts.*

im Fall von Anständen an den Kleinen Rath berichten.

§. 125.

<small>Verschiebung der Vollstreckung.</small>

Die Vollziehung eines rechtskräftigen Strafurtheils soll in folgenden Fällen verschoben oder unterbrochen werden:

1. Wenn sich der Beurtheilte in einem Zustand von Geisteskrankheit befindet.
2. Wenn wegen schwerer Krankheit oder Schwangerschaft das Urtheil nicht ohne Gefahr für den Verurtheilten oder die Verurtheilte und ihr Kind vollzogen werden kann.
3. Wenn ein zum Tode Verurtheilter um Begnadigung eingekommen ist.
4. Wenn eine Wiederaufnahme des Prozesses erfolgt ist.

Der Polizeidirektor und in Fällen, in welchen die Vollziehung einer in der Strafanstalt zu erstehenden Freiheitsstrafe schon angefangen hat, die Strafanstaltenkommission, sind berechtigt die Vollziehung eines Strafurtheils ausnahmsweise auch dann zu verschieben oder zu unterbrechen, wenn erhebliche Rücksichten auf Familien= oder Arbeitsverhältnisse es besonders wünschbar machen und dadurch kein Nachtheil entsteht.

Bei Kriminalurtheilen unterliegen jedoch

derartige Verfügungen der Genehmigung des Kleinen Raths.

§. 126.

Ein freisprechendes Urtheil ist vom Gericht zu vollstrecken, sobald dasselbe in Rechtskraft erwachsen ist, insofern der Freigesprochene nicht aus andern Gründen in Verhaft bleiben muß. *Vollstreckung freisprechender Urtheile.*

§. 127.

Die gefällten Urtheile des Kriminalgerichts sind, sobald sie rechtskräftig geworden sind, durch das Gericht dem Kantonsblatt einzuverleiben. In korrektionellen Fällen hängt die Veröffentlichung vom Ermessen des Gerichts ab. *Publikation.*

X. Abschnitt.
Von der Wiederaufnahme des Prozesses.

§. 128.

Ein beendigter Strafprozeß kann nur dann wieder aufgenommen und einer neuen Untersuchung unterworfen werden: *Bedingungen der Wiederaufnahme.*

1. Wenn sich vor oder nach der Vollziehung des Urtheils neue Beweise ergeben, welche entweder die Schuld des Verurtheilten aufheben oder Natur und Umfang der strafbaren Handlung in

erheblicher Weise zu Gunsten oder zu Ungunsten des Beurtheilten verändern.

2. Wenn gegen einen Freigesprochenen neue Beweise seiner Schuld zum Vorschein kommen.

§. 129.

Verfahren bei der Wiederaufnahme.

Die Wiederaufnahme eines Strafprozesses erfolgt auf Weisung des Staatsanwalts durch den Untersuchungsrichter entweder von Amtswegen oder auf Ansuchen des Beurtheilten und, wenn derselbe gestorben ist, seiner nächsten Verwandten.

Würde sich der Staatsanwalt im letztern Falle weigern, eine Wiederaufnahme des Prozesses anzuordnen, so können der Beurtheilte oder seine nächsten Verwandten an dasjenige Gericht rekurrieren, welches in dem betreffenden Strafprozesse das rechtskräftige Urtheil gesprochen hat.

Der Staatsanwalt hat der Polizeidirektion von der Wiederaufnahme eines Prozesses Kenntniß zu geben.

§. 130.

Ein wieder aufgenommener Prozeß wird nach Beendigung der Voruntersuchung der Ueberweisungsbehörde vorgelegt und wie eine neue Untersuchung nach den Vorschriften dieses Gesetzes behandelt.

XI. Abschnitt.

Von dem Verfahren gegen Abwesende.

§. 131.

Persönliche Stellung.

Wenn ein einer strafbaren Handlung Verdächtiger vor oder nach seiner Verhaftung die Flucht ergriffen hat oder sonst abwesend ist, so wird die Polizeidirektion die erforderlichen Schritte thun, um die persönliche Stellung desselben zu erlangen. Bleiben diese Schritte ohne Erfolg, so sollen die erhobenen Akten auf dem vorgeschriebenen Weg an den Staatsanwalt zur Anhebung der richterlichen Voruntersuchung übermittelt werden.

§. 132.

Voruntersuchung.

Die Voruntersuchung wird gegen einen abwesenden Angeklagten mit gleicher Vollständigkeit geführt, wie wenn derselbe anwesend wäre.

§. 133.

Ediktalladung und Fahndung.

Nach vollendeter Voruntersuchung legt der Untersuchungsrichter die Akten der Ueberweisungsbehörde vor. Diese wird im Fall der Ueberweisung in Kriminalfällen gegen den abwesenden Angeklagten im Kantonsblatt und wenigstens in zwei andern öffentlichen Blättern eine Ediktalladung erlassen, in welcher der Vorgeladene aufgefordert wird, sich innerhalb von drei Monaten zu stellen und sich wegen der gegen ihn vorliegenden Anschuldigungen, welche zu benennen sind, zu verantworten; zugleich wird dem Vorgeladenen für den Fall des Nichterscheinens das Kontumazverfahren angedroht.

In korrektionellen Fällen wird der Angeklagte einfach durch die Ueberweisungsbehörde der Polizei zur Fahndung aufgegeben, und wenn diese keinen Erfolg hat, nach Verfluß von drei Monaten in contumaciam beurtheilt.

§. 134.

Stellung des Abwesenden. Stellt sich der Angeschuldigte innerhalb der drei Monate oder wird derselbe beigebracht, so wird der Präsident zuerst die nöthigen Ergänzungen der Voruntersuchung anordnen und sodann das gewöhnliche Verfahren vor Gericht einleiten.

§. 135.

Kontumazverfahren. Kann dagegen der Angeklagte innerhalb der festgesetzten drei Monate nicht beigebracht werden, so werden die Akten der Voruntersuchung vor versammeltem Gericht verlesen, und dieses urtheilt nach Anhörung des Staatsanwalts und des Beschädigten auf Grundlage der Voruntersuchung.

§. 136.

Kontumazurtheil. Das Gericht erläßt in diesem Fall, wenn es den Angeklagten schuldig findet, ein Strafurtheil, welches in Kriminalfällen zu publizieren und deſſen Beſtimmungen über Schadenerſatz und Koſten ſoweit möglich zu vollziehen ſind, oder es erklärt die Einſtellung des Verfahrens, wenn die in der Vorunterſuchung erhobenen Beweiſe zu einem Strafurtheil nicht genügen.

§. 137.

Wird ein abweſend Beurtheilter ſpäter beigebracht oder ſtellt ſich derſelbe freiwillig, ſo wird ihm das gegen ihn gefällte Kontumazurtheil im Beiſein des Staatsanwalts zur Kenntniß gebracht, worauf beiden das Recht zuſteht, innerhalb zehn Tagen eine Reviſion des Urtheils zu verlangen. *Aufhebung eines Kontumazurtheils.*

Geſchieht letzteres, ſo wird das gewöhnliche Verfahren gegen den Verurtheilten eingeleitet und ein neues Urtheil gefällt; geſchieht es nicht, ſo erwächst das Kontumazurtheil in Rechtskraft und wird wie ein anderes Urtheil vollzogen.

XII. Abſchnitt.
Von dem Erlöſchen der Strafbarkeit.

§. 138.

Die Strafbarkeit von Handlungen, die durch das Kriminal- oder korrektionelle Geſetz mit Strafe bedroht ſind, erliſcht: *Erlöſchungsarten.*

a. durch Verjährung;
b. durch den Tod des Schuldigen;
c. durch die ausgestandene Strafe;
d. durch Begnadigung.

§. 139.

Verjährung. Die Strafbarkeit erlischt durch Verjährung:

a. in Kriminalfällen, wenn der Thäter vom Tag des begangenen Verbrechens an gerechnet während zwanzig Jahren nicht in Untersuchung gezogen worden ist, oder wenn im Falle der stattgefundenen Anhebung einer Untersuchung seit der letzten Untersuchungshandlung zwanzig Jahre verflossen sind;
b. in korrektionellen Fällen unter den gleichen Bedingungen nach Verfluß von fünf Jahren;
c. in allen kriminellen oder korrektionellen Straffällen, die nur auf Klage oder Anzeige des Verletzten verfolgt werden, wenn dieser innerhalb eines Jahres von dem Augenblick an gerechnet, in welchem er von der gegen ihn verübten strafbaren Handlung Kenntniß erhält, keine Klage oder Anzeige erhebt.

Auch eine rechtskräftig ausgesprochene Strafe verjährt, wenn dieselbe in Kriminalfällen binnen dreißig Jahren, in korrektionellen Fällen binnen zehn Jahren vom Augenblick des rechtskräftigen Urtheils an gerechnet nicht vollzogen worden ist.

Nach stattgefundener Verjährung der Strafbarkeit und des Strafurtheils sind etwanige Klagen auf Schadenersatz, insofern sie noch nicht verjährt sind, auf dem Civilweg geltend zu machen.

§. 140.

Bei Verbrechen, auf welche Todesstrafe gesetzt ist, schützt keine Verjährung vor der Untersuchung und Bestrafung; wenn jedoch von der Zeit eines solchen verübten Verbrechens ein Zeitraum von zwanzig Jahren verstrichen ist, so kann die Todesstrafe in zwanzig- bis vierundzwanzigjährige Zuchthaus- oder Kettenstrafe umgewandelt werden.

§. 141.

Der Tod des Schuldigen tilgt dessen Strafe; die Verpflichtung, Schadenersatz und Kosten zu leisten, geht jedoch auf die Erben über, auch wenn zur Zeit des Todes noch kein Urtheil ergangen ist, und unterliegt in diesem Falle civilgerichtlicher Beurtheilung. Schadenersatz und Kosten.

§. 142.

Wenn der Beurtheilte die wider ihn erkannte Strafe ausgestanden hat, so ist die strafbare Handlung als getilgt anzusehen; Wirkung der ausgestandenen Strafe.

Kriminalstrafen ziehen jedoch die in §. 32 des Kriminalgesetzbuchs bezeichneten bürgerlichen Folgen nach sich, bis der Verurtheilte auf gesetzlichem Weg die Rehabilitation erlangt hat.

§. 143.

Begnadigung. Soweit einem Verurtheilten die über ihn ausgesprochene Strafe von der gesetzlichen Behörde durch Begnadigung nachgelassen wird, hat diese die gleiche Wirkung wie die ausgestandene Strafe.

XIII. Abschnitt.
Von den Untersuchungsgefängnissen und der Behandlung der Gefangenen.

§. 144.

Beschaffenheit der Gefängnisse. Die Untersuchungsgefängnisse sollen sicher und wohlverwahrt und so beschaffen sein, daß sie der Gesundheit des Gefangenen keinen Nachtheil bringen.

§. 145.

Aufsicht über die Gefangenen. Die Untersuchungsgefangenen stehen unter den Verfügungen der Polizeidirektion, bis die Untersuchung in die Hände eines Untersuchungsrichters übergegangen ist, von diesem Augenblick an bis zur Ueberweisung unter denjenigen des betreffenden Untersuchungs=

richters und hernach bis zur Beurtheilung unter denjenigen des Präsidenten des Kriminalgerichts. Wird ein Rekurs ergriffen, so steht der betreffende Untersuchungsgefangene von diesem Augenblick an unter den Verfügungen des Appellationsgerichts. Die Untersuchungsgefangenen dürfen nur mit Bewilligung der genannten Aufsichtsbehörden Besuche oder Briefe erhalten und schreiben.

Das Kriminalgericht läßt die unter den Untersuchungsrichtern und dem Präsidenten stehenden Untersuchungsgefangenen monatlich zweimal durch Delegierte aus seiner Mitte besuchen.

§. 146.

Die Untersuchungshaft soll mit möglichster Schonung für den Untersuchungsgefangenen stattfinden, und es sollen denselben keine größern Beschränkungen auferlegt werden, als die Aufrechthaltung der Sicherheit und das Interesse der Untersuchung erheischen.

Behandlung der Gefangenen.

§. 147.

Die nähern Bestimmungen über Nahrung, Kleidung und Pflege der Untersuchungsgefangenen enthält die vom Kleinen Rathe festgesetzte Thurmwartsordnung. Es können jedoch den Untersuchungsgefangenen mit Bewilligung des Untersuchungsrichters während

Verpflegung.

der Voruntersuchung, oder des Präsidenten nach derselben, auf ihre Kosten bessere Nahrung, besseres Lager und andre mit der Sicherheit und Ordnung des Gefängnisses verträgliche Erleichterungen gestattet werden.

§. 148.

Fesseln. Ein Untersuchungsgefangener kann wegen besonderer Gefährlichkeit seiner Person oder bei Gefahr der Flucht vom Untersuchungsrichter oder dem Präsidenten mit Fesseln belegt werden, worüber, sowie über die nach §. 37 verhängten Strafen, im Protokoll Vormerkung zu nehmen ist.

XIV. Abschnitt.

Vom Verfahren bei denjenigen Vergehen, welche nur auf Klage des Verletzten verfolgt werden.

§. 149.

Allgemeine Bestimmungen. Die in diesem Gesetzbuch enthaltenen Vorschriften gelten gleichmäßig für die Untersuchung von Verbrechen und Vergehen, insofern nicht in den vorhergehenden Abschnitten zwischen beiden unterschieden ist.

§. 150.

Diejenigen Vergehen jedoch, die nur auf Klage des Verletzten verfolgt werden (siehe

§. 18, S. 4.), unterliegen den nachfolgenden besondern Vorschriften.

§. 151.

Betrifft die gestellte Klage Schlaghändel, Körperverletzungen oder Eigenthumsbeschädigungen, so ist dieselbe bei der Polizeidirektion anhängig zu machen, welche eine ganz summarische Voruntersuchung vornimmt, um Namen und Wohnort der Parteien und der Zeugen festzustellen und um etwanige provisorische Verfügungen, wie Kautionsabnahme, Beschlaglegung auf Ausweisschriften oder Verhaftnahme, zu treffen, und welche sodann die Akten dem Präsidenten zur Beurtheilung übermittelt.

Einleitung der Klage.

Betrifft dagegen die gestellte Klage ausschließlich Ehrbeleidigung, so ist dieselbe schriftlich oder mündlich direkt beim Präsidenten anhängig zu machen.

§. 152.

Der Präsident wird hierauf die Parteien nebst ihren Zeugen vor das korrektionelle Gericht oder sein Verhör laden; der Kläger hat zuerst seine Klage vorzutragen und der Beklagte dieselbe zu beantworten, worauf jeder Partei auf Verlangen noch einmal das Wort zu ertheilen ist.

Verhandlung.

Nach Abhörung der Zeugen oder Sachverständigen kann der Präsident den Parteien noch einmal das Wort gestatten, wenn er es für zweckmäßig hält.

§. 153.

Kaution. Kläger, welche nicht hier niedergelassen sind, können angehalten werden, Sicherheit für die Prozeßkosten beider Instanzen zu leisten.

§. 154.

Zurücknahme der Klage. Eine angebrachte Klage kann zu jeder Zeit zurückgezogen werden, wobei dem Kläger jedoch die ergangenen Kosten zur Last fallen.

§. 155.

Deserterklärung. Wenn der Kläger an dem zur Verhandlung festgesetzten Tag ohne genügende Entschuldigung nicht erscheint, so wird seine Klage desert erklärt und derselbe in die ergangenen Kosten verfällt.

§. 156.

Abweisung der Klage. Wenn eine Klage sich als ungegründet erweist, so ist der Kläger in die Kosten zu verfällen; derselbe kann auch sonst zu Strafe und Kosten verfällt werden, wenn sich sein Benehmen als strafbar herausstellt.

§. 157.

Vertretungsrecht. Bei denjenigen Fällen, welche von dem korrektionellen Gericht beurtheilt werden, steht sowohl dem Kläger als dem Beklagten das

Recht zu, sich durch einen Anwalt vertreten zu lassen.

Vor Präsidentenverhör dagegen ist den Parteien nur bei nachgewiesener Verhinderung oder aus andern erheblichen Gründen ausnahmsweise ein Vertretungsrecht gestattet.

Das korrektionelle Gericht, beziehungsweise der Präsident, sind berechtigt, auch bei stattfindender Vertretung das persönliche Erscheinen der Parteien zu verlangen.

§. 158.

Das Appellationsrecht steht in diesen Fällen sowohl dem Kläger als dem Beklagten zu. Appellationsrecht.

§. 159.

Es findet in diesen Fällen kein Kontumazverfahren statt. Ausschluß des Kontumazverfahrens.

§. 160.

Das Verfahren vor Präsidentenverhör ist nicht öffentlich. Ausschluß der Oeffentlichkeit.

§. 161.

Die Urtheile des Präsidentenverhörs werden der Polizeidirektion nur dann mitgetheilt, wenn sie Freiheitsstrafen verhängen. Vollziehung.

§. 162.

Es ist dem Gerichtspräsidenten überlassen, Fälle, welche nach §. 10 in seine Strafbefugniß gehören, aus erheblichen Gründen, Ausnahmsweise korrektionelle Behandlung.

über deren Zulässigkeit das korrektionelle Gericht entscheidet, durch dieses beurtheilen zu lassen.

XV. Abschnitt.
Vom Verfahren bei Preßvergehen.

§. 163.

Haftbarkeit.

Bei Vergehen, welche durch den Druck oder eine andere dem Druck gleich zu stellende Vervielfältigungsart begangen werden, haftet in erster Linie der Verfasser oder Zeichner. Ist jedoch dieser nicht bekannt oder kann dessen persönliche Stellung vor dem hiesigen Gerichte nicht bewirkt werden, oder ist die Veröffentlichung erweislich ohne dessen Willen geschehen, so haften nach einander der Herausgeber, Verleger und Drucker.

§. 164.

Theilnehmer.

Es können auch nach den allgemeinen Grundsätzen über Theilnahme neben dem Verfasser oder Zeichner nach Ermessen des Gerichts der Herausgeber, Verleger, Drucker und Verbreiter zur Strafe gezogen werden, wenn ihnen die Strafbarkeit der betreffenden Schrift oder bildlichen Darstellung bekannt war oder vernünftiger Weise nicht von ihnen übersehen werden konnte.

§. 165.

Konfiskation und Publikation.

Druckschriften und bildliche Darstellungen, durch welche ein Vergehen verübt worden ist, können durch Urtheil des Gerichts konfisziert und vernichtet werden. Auch steht es dem Gericht frei die Urtheile über solche Vergehen in dasjenige Blatt, durch welches das Vergehen verübt wurde, sowie auch in andre Blätter einzurücken.

Uebergangsbestimmungen.

Der Kleine Rath ist beauftragt den Zeitpunkt zu bestimmen, mit welchem dieses Gesetz in Kraft treten soll, sobald die Integralerneuerung des Kriminalgerichts durchgeführt und die in diesem Gesetz vorgesehenen Beamten ernannt sein werden.

Von dem betreffenden Augenblicke an werden alle Untersuchungen, welche noch nicht durch Rathsbeschluß an das Kriminal- oder korrektionelle Gericht gewiesen sind, nach den Vorschriften des neuen Gesetzes behandelt, die bereits überwiesenen Untersuchungen jedoch nach den Vorschriften des alten Gesetzes von dem alten Gerichte zu Ende geführt.

Basel, 5. Mai 1862.

Gegeben im Großen Rath.

Der Präsident:

R. Paravicini.

Der Staatsschreiber:

G. Bischoff.